马伽术高级战训教本

〔美〕大卫·卡恩（David Kahn） 著

汤方勇 译

北京科学技术出版社

Krav Maga Professional Tactics: The Contact Combat System of the Israel Defense Force
Copyright © 2016 by David Kahn
Simplified Chinese translation copyright © 2024 by Beijing Science and Technology Pub
Co., Ltd.
Published by arrangement with YMAA Publication Center Inc. All Rights Reserved.

著作权合同登记号 图字：01-2023-5031

图书在版编目（ＣＩＰ）数据

马伽术高级战训教本 /（美）大卫·卡恩
(David Kahn) 著；汤方勇译 . — 北京：北京科学技术
出版社 , 2024.6
　　书名原文：Krav Maga Professional Tactics
　　ISBN 978-7-5714-3514-1

　　Ⅰ . ①马… Ⅱ . ①大… ②汤… Ⅲ . ①防身术 Ⅳ .
① G852.4

中国国家版本馆 CIP 数据核字 (2024) 第 016063 号

策划编辑：张煜宽
责任编辑：王　羽
责任校对：申　莎
版式设计：优品地带
责任印制：吕　越
出 版 人：曾庆宇
出版发行：北京科学技术出版社
社　　址：北京西直门南大街 16 号
邮政编码：100035
电　　话：0086-10-66135495（总编室）　0086-10-66113227（发行部）
网　　址：www.bkydw.cn
印　　刷：北京顶佳世纪印刷有限公司
开　　本：710 mm × 1000 mm　1/16
字　　数：273 千字
印　　张：21.25
版　　次：2024 年 6 月第 1 版
印　　次：2024 年 6 月第 1 次印刷
ISBN 978-7-5714-3514-1

定　　价：128.00 元

献给克莱尔、本杰明和里奥

纪念海伦·布伦娜·史密斯和洛厄尔·斯莱文大师

对大卫·卡恩的评价

我要感谢大卫·卡恩团队提供的专业指导。他们的目标是为新泽西州所有执法人员提供顶级的、最贴近实际的培训。根据大家对这门课程的反馈情况看，所有相关机构都对这门课程和你们的员工给予了赞扬。重要的是，随着新技术和防守战术的发展，我们的战术也在不断地发展。我们工作人员期待着与你们再次合作。你们的教学和技术水平都是最高的。

——穆纳福警官，美国新泽西州警察训练委员会训练部门负责人

我想对你们提供的以色列马伽术武器防御训练表示感谢。在使用M4卡宾枪、霰弹枪和手枪时运用这些技法是非常有益的。我很欣赏你坚持使用基于现实的战术，你的演讲也很受执法人员欢迎。很明显，你了解警员执行任务时的法律规则。感谢你们提供的武器缴械技术、近距离格斗技术，以及在（机动车辆）停车时将目标从车里带出来的方法。很明显，作为以色列马伽术协会的首席教练，你所掌握的防御战术方面的知识对执法界人士极为有益。

——弗拉基米尔·瓦瓦尔，美国新泽西州交通警察培训部门

我要对你们为美国宾夕法尼亚州渔业和船只委员会（PA Fish and Boat Commision）的工作人员提供的培训表示感谢。你们提供的警用马伽术课程非常优秀，对委员会各个部门的工作人员来说都是宝贵的财富。马伽术是有效的，并且容易学习和记住，非常适合巡逻执法人员。我们期待着继续这个项目并且扩大合作。我们非常感谢你们提供的经

验、法律知识和热情。如果将来你们需要我们提供帮助，请尽管提出。再次感谢。

——科里·L.布里彻上校，美国宾夕法尼亚州执法局局长

感谢你与美国新泽西州警察行政保护局（New Jersey State Police，Executive Protection Bureau）的同事分享你在以色列马伽术方面的专业知识。动作简单、技巧有效，使这种训练适用于现实世界。我个人特别喜欢缴械技术训练和同步使用的"封锁和打击"技术。你及团队的专业指导和热情参与使这次培训获得了真正的成功。以色列马伽术进一步确保美国新泽西州警察行政保护局做好了准备，以完成我们保护警卫对象的任务。期待着在未来与你以及令人印象深刻的马伽术团队继续进行训练。

——凯文·考恩中尉，美国新泽西州警察行政保护局训练官

我个人可以证明，大卫·卡恩的马伽术非常有用。许多人经常练习马伽术，但从来没有在健身房以外的地方使用。作为一名前职业足球运动员、从警22年的警察，我有12年的在特殊武器与战术部队（Special Weapons and Tactics，SWAT）的经历，所以我知道适当且长期训练的必要性。我发现，大卫·卡恩的训练最适合巡逻警官和SWAT警官。我在现实生活中有过这样的经历：我需要抓捕一个通缉犯，这个通缉犯对我以及民众的生命构成了威胁。一位刚开始跟随大卫训练马伽术的同事目睹了我使用大卫教授的警用马伽术技术抓捕暴力不法分子。作为一名在大卫·卡恩的指导下学习马伽术的警官，马伽术从精神层面和身体层面改变了我的生活。我对从大卫那里学到的马伽术知识和技术充满了信心。

——卡森警官

我在过去的几年里所接受的所有训练的成果都体现在了那晚我在墨西哥城的经历中。当时，我在那里出差，和 2 个来自美国的同事从 IBM 办公室步行到我住的酒店（只有 10 分钟的路程）。突然，不知从哪儿冒出来一个醉汉说着西班牙，并开始威胁我们。我不知道他在说什么，但他拿出了一把枪指着我们所有人（在光天化日之下）。我们 3 个人都僵住了。其中一个同事开始尝试用西班牙语说"对不起""没问题"。我看准机会过去抓住枪，然后使用标准的缴械动作：改变枪械方向，使其指向地面，然后狠狠地朝他脸上打了一拳，同时使枪对准别处，再从他手里抢过来……我想告诉大卫这个经历，因为从他那里学到的马伽术救了我。

——阿努杰·巴特拉，马伽术学生

在过去的 10 年里，我很荣幸有机会与以色列马伽术协会的美国首席教练大卫·卡恩一起训练。我第一次见到大卫是我被任命到美国新泽西州海环市的新泽西州警察训练学院（New Jersey State Training Academy）担任首席防守战术教官。指挥官给我的任务是根据美国新泽西州警察局的警员的职责，对其防御战术项目进行研究、评估，进而做出最佳方案。

在研究了联邦、州和地方机构的防御战术标准和训练要求之后，我发现没有统一的标准。但是很明显，以色列马伽术协会满足并超越了美国新泽西州警察局和其他执法机构的所有需要。我邀请了大卫和他的同事，以及以色列马伽术协会的大师哈伊姆·吉顿（Haim Gidon）来进行训练。经过大卫的初步训练后，我发现以色列马伽术协会的课程和最佳方案超过了美国的防御战术标准。

我注意到不是所有的马伽术都一样，并提出了修改建议。我得到了指挥官的许可，正式聘请了大卫·卡恩。

最终，以色列马伽术正式被应用到美国新泽西州警察局学院的新警员培训以及对高级和在职人员的培训。大卫亲自训练我和防卫教官厄尔曼巡警、莱安巡警和罗伯茨巡警。大卫还培训了美国新泽西州警察局特警组和要人保护组（Executive Protection Unit，EPU）的人员。以色列马伽术协会为我们提供了作为一名执法人员生存和取胜所需的心态和身体技能训练。一些联邦机构也邀请大卫培训他们的教官。

以色列马伽术协会的训练使美国新泽西州警察局的警员在应对各种攻击时，能够果断、本能地做出反应，确保动作迅速、高效，能够在压力下防御的同时做出有效反击。以色列马伽术协会为警员提供了控制技术，警员可以安全有效地通过引导、放倒、约束和控制方式将对方控制在地面上，限制对方移动，从跪压过渡到上铐程序。以色列马伽术协会专注于研究人体的弱点，这些成果让女性也能战胜大体型的对手，同时遵守客观合理的武力使用标准。以色列马伽术协会为警员提供了整套解决方案，实现从防御、近距离作战战术到使用枪支的无缝衔接。

我强烈建议，大卫·卡恩的培训应该落实到所有执法机构的枪支和防御战术项目中。我相信，对执法人员和执法机构的职责和工作表现来说，这些培训课程至关重要。

——米克·麦库姆，美国新泽西州警察局防卫训练部门负责人

大卫·卡恩专业、学识渊博且为人谦逊，他是一位杰出的作家和教官。我认识大卫并同他一起工作了 15 年。这本书将为读者提供一个在闲暇时光跟随顶级马伽术教官学习的机会。这本书中的技巧已经被证明是有效的，如果定期训练和完善，这些技巧将成为本能反应。这本书可以让你从容应对在街上或其他地方的威胁。现在是时候开始了，保护你自己、你的同伴和家人。

——保罗·M.米勒，美国新泽西州警察学院教官

并非所有的马伽术都一样。
"模仿是最真诚的喜爱。"

——查尔斯·凯勒布·科尔顿

致 谢

我非常感谢哈伊姆·吉顿大师，他让我见识了最高级别、最先进的马伽术安全防卫格斗风格。作为以色列马伽术协会吉顿体系的主席，哈伊姆每天都在研究和改进马伽术体系。在伊米·利希滕费尔德（已故的马伽术创始人）的祝福下，在他的儿子们阿伯特、奥哈德和诺姆以及其他以色列马伽术协会高级教练的协助下，哈伊姆成了马伽术发展的先锋。我还非常感谢约阿夫·克雷恩、伊加尔·阿比夫和史蒂夫·莫伊谢教官。哈伊姆强调，我们所教的马伽术可以应对真实的攻击。像查尔斯·凯勒布·科尔顿总结的那样，"模仿是最真诚的喜爱"，我希望这能充分表现哈伊姆对马伽术的无比精通。

特别感谢黑带教练里纳尔多·罗西、克里斯·埃克尔和唐·梅尔尼克在镜头前后的大力支持。里纳尔多是世界顶尖的马伽术教官和黑带级别教官，如果没有他的奉献、耐心和慷慨，以及唐和克里斯的帮助，就不会有这本书。罗兰教官做了大量的工作，除了拍摄大量图片外，他还对图片进行编排。谢谢你，罗兰。

很荣幸和我的好朋友柏林杰少校一起工作。在我们的共同好友弗兰克·斯莫尔上尉的介绍下，在北卡罗来纳州首次见到了柏林杰。弗兰克说服了刚刚完成第 2 次任务的柏林杰，让他来参加这次培训。在训练过程中，我很快就发现他是一位非常专业的教官。我们非常感激柏林杰对马伽术的接受和认可——"应该继续练习马伽术"。我们建立了深厚的友谊，形成了相互学习的氛围。柏林杰是格斗柔术的黑带五段，也是美国柔道协会理事会成员。他是我真正的伙伴。

非常感谢我的亲密朋友和商业伙伴弗兰克·斯莫尔上尉（已退休），

以及他出色的妻子戴娜。弗兰克掌握了职业培训成功的最重要的标准：实用、高效。罗纳德·E.雅各布斯（中士）是以色列马伽术黑带和许多格斗体系的高段位教练。很荣幸能与罗纳德一起共事，感谢他非常慷慨地在本书中展示了几个技术。他是一个追求完美的职业人士，也是我很好的朋友。

尼尔·马曼中士，也是马伽术教官，他为本书提供了巨大的支持——专业的见解和知识。尼尔以他独特的专业见解极大地改进了以色列马伽术体系。尼尔也是我的好朋友之一。

感谢我亲密的朋友奥尔迪马·茨林斯基，多年来他给了我极大的支持和很多建议。非常感谢豪尔斯托克夫妇在我1年2次到访以色列期间给予的款待，感谢我的好朋友希拉·奥尔巴斯，优秀的商业安保领域生意人之一，还有她的家人。我特别感谢列支敦士登大师和他所在机构的款待。

感谢以色列马伽术协会（www.kravmagaisraeli.com）的董事会和其他所有成员多年来一直与我一起训练。如果没有他们提供的专业训练、支持与启发，这本书是不可能完成的。

高级马伽术教官里克·布利特斯坦和艾伦·费尔德曼是我的坚强后盾和知识库。他们的集体智慧帮助我提高了教学能力。我们在波兰的好朋友克里斯·萨维奇让马伽术协会一直走在欧洲的前列。特别感谢美国柔道协会（United States Juto Association）导师洛威尔·斯拉文，感谢他对美国柔道协会的信任和专业兴趣。我感谢美国的马伽术训练中心（www.kravmagaisraeli.com）的所有学生。

我还要感谢很多朋友、支持者以及世界范围内的马伽术教官。

感谢海滩度假酒店（Residence Beach Hotel）的杜基和马克承接我们每年在内塔亚举办的2次培训。我对约洛夫斯基和普拉多的公开支持和努力表示感谢。我也要感谢基姆和奥利弗·皮姆利的奉献，感谢他们解释了菲律宾武器战术间的细微差别。特南鲍姆家和金伯格家是我人生的支柱。我要特别感谢詹姆斯·甘多菲尼和约翰·梅尔的家人对我的信任和支持。我还要感谢贾斯汀·金森和已故的比尔·金森。

特别感谢警界的所有朋友和支持者在专业方面的支持，包括米勒中尉，麦库姆上士，克莱姆中士，奥斯曼中士，罗蒙斯中士，波内特少校，狄麦思中尉，沃夫中尉，考恩中尉，博兰中士，卡普里奥内中尉，佩音中尉，瓦瓦尔警官，克罗上尉，瓦西卡警官，马伊莫内警官，萨瓦利上尉，哈里森副主任，拉萨罗帝主管，帕廖内主管，史密斯和吉奥思科调查员，官塔克警官，哈纳菲警官，科隆中尉，海登中士，约翰逊警官，哈蒙德特工，施罗德和贝尔特工，特工洛夫、克拉克、纳沃扎克、克罗，萨特主管，柯里尔中尉，我家乡的普林斯顿警察局，还有许多我有幸共事的朋友。

安全专家斯蒂夫·哈拖是我最喜欢的作家和好朋友之一，感谢他在专业方面的支持。感谢史蒂芬·盖查博士、史蒂芬·亨特、布鲁斯·罗斯、林赛·巴林特和杰夫·曼海默，感谢他们继续支持我。感谢吉瑞·帕米瑞、乔治·萨缪尔森以及"医生"马克有关训练的建议。

家庭一直是我投入马伽术训练和不断努力学习的精神支柱，感谢我的妻子克莱尔、母亲安妮、继父艾德和父亲阿尔弗雷德。我的商业伙伴们是我真正的兄弟，他们表现出了伟大的奉献精神、企业家精神、职业道德和忠诚。我相信本杰明和里奥会成为下一代马伽术专家，而且会比他们的父亲更有成就。

特别感谢我的出版商戴维·瑞皮安，是他意识到需要出版一本有关马伽术的综合性书籍，内容包括专业战术、策略和格斗方法。戴维帮助我成为一个作家、视频制作人和企业家。蒂姆·科姆里、多兰·亨特和 T.G. 拉弗雷多为完善本书贡献了各自的力量。我很荣幸能和这么多专业人士一起工作。

对于因阅读或根据本书进行训练而可能造成的任何伤害，我和出版商概不负责。

本书中所描述的动作或其他内容对一些人来说可能过于复杂或危险，你在进行这些活动之前应咨询医生。

警告：防卫是合法的，打架是违法的。你如果不知道两者的区别，可能会因为不是在保护自己而违法；你如果是在打架，则会更糟。你应遵守自己国家有关正当防卫以及使用武器的法律法规，并在任何时候都遵守当地的法律。虽然法律的定义和司法解释通常是一致的，但州与州之间、甚至市与市之间存在着微小但非常重要的差异。为避免触犯法律，你需要知道这些区别。我和出版商不承担任何使用或误用本书中所写内容的责任。

本书中任何内容均不构成法律意见。虽然我认为本书的内容都是准确的，但任何关于具体的防卫情况、法律责任和（或）每个地方法律的解释的问题都应该由律师解决。

当涉及武术、防卫和相关话题时，无论我写得多好，都不能代替专业的、手把手的指导。本书内容只能用于学术研究。

前言：战士精神

想要解除你和你所爱之人面临的生命威胁，你必须通过艰苦的训练让自己的身体和精神达到相应的能力水平。许多人学习和磨炼自己的格斗精神，是在格斗或在暴力冲突中完成的。虽然心理准备是非常重要的，但必须进行身体训练才能在各种暴力处境中生存下来。在解除威胁时开始进入OODA循环模式，即观察（observe）、定位（orient）、决定（decide）和行动（act）的决策环路，身体和心理的准备至关重要。

卡恩先生教授给我的技术，很多都在这本书中有所介绍，这些技术高效且实用。应用这些技术，并且接受严格的心理训练，可以让你在危险中生存下来。对于任何格斗家来说，这些技术都是力量倍增器。作为一名擅长近身作战的专家，我认为卡恩是一位水平很高的导师，我愿意向其他人推荐他的培训。我会向认真对待防身技术以及想在危机下求生的人推荐大卫·卡恩的这本专业马伽术书籍。

罗纳德·E.雅各布斯[1]中士（已退役）

---

[1] 罗纳德·E.雅各布斯是格斗教官、泰拳教练，他还获得了马伽术黑带、日本柔术黑带、巴西柔术棕带。

目　录

概　述

　　我很自豪地向大家介绍马伽术（Krav Maga[①]）。感谢许多读者和马伽术爱好者向我们咨询有关本书的出版情况。从本书中，你将了解很多高级别格斗方法及武器战术等核心内容，这个体系由伊米·利希滕弗尔德创立，由哈伊姆·吉顿改进。尼尔·马克西米连也对以色列马伽术体系做出了重大贡献。在过去的几十年里，在打败不法分子方面，本书所介绍的战术和思想的有效性已被证明。

　　在本书中，我选取了很多马伽术高级别战术，出于公共安全方面考虑，一些战术内容未做介绍。被省略的内容和第三方保护战术内容特别适合安保人员。我相信，这些被省略的内容并不会有损本书详细阐述的原则和策略。

　　马伽术在执法和安全领域非常普及，这在很大程度上是因为它的实用性、简单性、方便记忆、易学和高效性。我们为联邦、州和地方执法机构等提供马伽术培训。我们的业务还涉及私人安全保护机构。

　　多年来，总会有对马伽术的专业应用和有效性持怀疑态度的警方人员来参加我们的课程，据我们所知，这些人在课程结束后无不对马伽术印象深刻，有些人甚至要求我们在开设新课程的时候通知他们。

　　我们坚信"好的战术思维都很相似"这一原则。我们的目标不是取代经验丰富人员所拥有的知识，而是增强他们的能力，丰富他们的技术库。最重要的是，我们不把马伽术训练作为一个锻炼计划或一种时尚。我们所教授的战术和战略，由非常严谨且有自己想法的专业人士研发，适用于有防身需求的人士。并非所有的马伽术都一样。我想告诉那些不

[①] 此为希伯来语，意为近身格斗，在中文里音译为马伽术。——译者注

提出处，将这些战术和策略内容说成由自己创立的人：你知道你是谁，我们也知道你是谁。

专业层面

以色列马伽术防卫体系以简单高效闻名于世。该体系通过街头实战和战场战斗验证并持续进化。如果一个技术无效，那要么将这个技术从体系中移除，要么修正它。这种高效的机制是建立在几个核心原则以及简单模块的基础上的。现代执法机构、安保人员需要这种简单、强适应性和高实用性的防卫体系，最重要的是它基于人体本能。专业人士需要进行简单易用的系统训练，马伽术能满足这一需求。

"Krav Maga"通常被翻译为近身战斗，这很重要。"战斗"是一场没有规则的生与死的较量，这也是警用马伽术体系方法最重要、最根本的原则。它充分考虑到装备和重量负荷（如执勤腰带、防弹背心、防弹衣、凯夫拉头盔或背包）对防守方的行动灵活性所造成的限制。穿着短裤的综合格斗选手可以在八角笼中灵活无障碍地完成动作，与一个全副武装的作战人员或普通人在战区或街头所能完成的动作有很大不同。

在本书中，我们从马伽术绿带、蓝带、棕带和黑带技术体系中选取了一些个人防卫格斗技术。本书讲解的这些技术主要是针对执法机构、安全机构的人员面临的最常见的暴力场景，普通人有时也会发现自己处在这种危险之中。这些技术来自我翻译的以色列马伽术协会的技术指南。尼尔·马曼的很多专业见解也融入了本书中。

以色列马伽术协会是由哈伊姆·吉顿领导的组织。哈伊姆·吉顿在1996年6月5日获得了马伽术黑带8段，当时，马伽术创始人伊米·利希滕费尔德也宣布即将会颁发9段、10段。1998年伊米去世后，哈伊姆·吉顿成为世界上排名最高的马伽术教官，紧跟伊米的脚步。

哈伊姆有几个关于持械格斗技术的关键修改得到了马伽术创始人伊米·利希滕费尔德的认可。在不断改进马伽术体系的同时，哈伊姆遵循了伊米确立的根本原则，即马伽术必须适用于每个人，即便对手是技术娴熟的专业人士。不断地进化和强适应性使马伽术成为令人敬畏的格斗方式。它的特点和精髓在于教会任何人成功抵御致命武器的攻击。

马伽术的防御哲学是不做无关动作，利用本能反应进行反击——以快速、简单的动作和适当的武力。基本原则是采取任何切实可行的方法来保护自己不受伤害。经过训练的本能反应是至关重要的，所以学员要通过训练来学会打击对方的人体薄弱部位，更需要学会主动进攻，而非被动防御。

这项训练会尽量将学员置于最接近现实的压力情境中，是为了让学员通过本能反应高效地应对任何威胁，从最简单的防御到最高级的技术，如徒手防御技术、针对武器的缴械技术，甚至是微型爆炸装置的处置技术，在马伽术中都能找到相同的模块，学员很快就能学会。

马伽术体系强调多种适应性的核心技战术，其灵活性的应用可以与现代作战技术的发展相适应。现实生活中的新型危机促使技术进行修改、更新，甚至添加新的技术。马伽术的武器防御针对特定情况，但也适用于任何突发的暴力对抗。换句话说，我们采用普适原则，根据特定的暴力情况使用这些技术。最重要的是，马伽术强调在致命的遭遇战中采取一切手段战胜对方，消除威胁并生存下来。

每一个防御战术的核心原则都包括：变向、转向、步法移动、上半身移动或接近的同时反击对方。重要的是，防御战术可以应对遭遇多个攻击方的情况，消除攻击方的攻击能力，在必要时利用攻击方的武器进行防御。马伽术强调"攻击攻击方"的思想，在对方使用武器之前先发制人。防守方的目标是使攻击方丧失自由行动的能力。当然，及时识别即将发生暴力危险的信号可以让防守方在攻击开始时就阻止它。

以色列马伽术的卓越声誉建立在以下4个关键要素上。

一是重点防御任何形式的攻击（武装或非武装）。

二是依赖于本能反应的技术动作经过训练后很容易学会并长期保

持，可以在压力下运用出来。

三是战术是模块化的，当防守方将它们结合在一起运用时，可以应对致命威胁。

四是防守方利用快速、简单的动作和适当的武力迅速做出反应。

三级反应级别

第一级：基本反应。普通的初学者对暴力有一定的反应，会去思考该怎么办，此时还没有变成本能反应。初学者无法运用本能的条件反射，其动作也不是流畅的。反击是被动等待的一种防御性反应，而不是阻止潜在危险。

第二级：熟练反应。这个级别是当潜意识开始控制并在攻击开始时立刻做出反应。通过识别对方的攻击或准备动作，学员会本能地意识到有可能发生在自己身上的威胁，并且会迅速控制局势。面对危险时，能自然地做出训练或想象过的动作，说明学员正在接近高水平。

第三级：瞬时反应。高级别的马伽术学员会采取主动并且先发制人。学员能在意识到威胁的一刹那，完成训练过的固定技术，并流畅连贯地完成反击。换句话说，防守方成功攻击了攻击方。学员会瞬间唤起曾经的训练场景，毫不犹豫地先发制人。处于这一级别的马伽术学员能在攻击方开始之前便识别出其攻击模式。

战斗时机

成功防御的关键是正确的战斗时机，即在正确的时间使用适当的战术。先发制人和确定战斗时机是本能与瞬间决策的融合。要么选择抢先进攻、先发制人，要么根据攻击方的攻击做出回应，攻击其暴露的身体薄弱点。换句话说，即使是面对技术娴熟的攻击方，防守方在其进攻时也会有机可乘。例如，当攻击方打出一记直拳时，他的身体重心会向前移动，这样防守方就有机会攻击他支撑腿的膝盖。战斗时机是利用本能的身体动作抓住或创造机会，有效并且合理地防御。

战斗时机，也就是防守方可以利用的对手提供的机会，或者防守方创造的以本能做出的战术打倒对方的机会。只有通过实际的训练才会提高把握战斗时机的能力，这一直是马伽术的目标。虽然速度并不代表时机，但当防守方的动作比攻击方的动作更快时，速度也可以带来决定性的优势。正如本书所强调的，马伽术依赖高效的动作，去掉无用动作，这样也可以提高速度。

如何使用本书

本书是为有安全意识的大众、执法人员、军事人员和专业安保人士设计的，确保他们在遇到武装袭击时免受重伤，从而提高生存概率。利用本书最有效的方法是练习每一种技术，你会发现每一种技术，要么是建立在前一个技术基础上，要么是对后一种技术的补充。

以色列马伽术体系依赖可适用绝大多数暴力冲突的核心技术。任何一本书都无法取代以色列马伽术专家的指导，但本书的目标是教授在相似的暴力情境下与安全防卫相关的重要原则和核心技术。一定要去经验丰富的教官那里训练，因为并非所有的马伽术都一样。

第一章

民用、警用、军用马伽术

马伽术是对抗暴力的方法，而不是制造暴力的工具。针对民用、警用、军用人员的马伽术训练有一个共同的原则——摆脱危险。这3类马伽术很重要的区别就是结果或最终目标是不同的，当防守方面对致死武力的时候是个例外情况。下图总结了民用、警用和军用马伽术的最终目标。

民用	遇到滋扰 ➡ 必要情况下让对方丧失反抗能力 ➡ 撤离，报警
警用	遇到滋扰 ➡ 让对方丧失反抗能力 ➡ 控制或必要情况下终结对方
军用	遇到滋扰 ➡ 让对方丧失反抗能力或残疾 ➡ 终结对方

3类马伽术的最终目标

如前所述，针对民用、警用和军用人员教授的以色列马伽术的核心原则和模块是类似的，关键区别在于最终目标。不管一个人的立场或身份如何，如果生命面临威胁，就有理由全力反击以保护自己。对于民众或执法人员来说，合理使用武力的前提是攻击方必须有意图、有手段、有能力对自己造成身体伤害。

在合法使用武力的分析中，民众在遭遇武力攻击的时候可使用合适的武力反击（请注意这里用了"反击"这个词）。在执法方面，大多数司法机构允许执法人员的武力升级到更高一级。当必须进行逮捕时，执法人员的目标是客观合理地使用武力逮捕嫌疑人。当需要使用武力时，目标是不变的——同时保护执法人员和犯罪嫌疑人。致死武力是指执法人员正在面对一名意图使他人受到严重伤害的罪犯时所使用的武力。

我的好朋友米克·麦库姆上士在这方面做出了突出贡献（见附录）。米克在美国新泽西州警察局服役了25年，其间他被分配到该警局的培训部门工作了10年。他目前是联邦法院认可的武力使用专家和马伽术教官。

对于军事人员来说，马伽术的重点在于致命武力使用，包括武器攻击的最佳使用方式和人体武器技术——四肢、头部甚至牙齿的最佳使用方式，这些是专业马伽术训练的重要内容。我们不能向公众宣传这种致命武力使用方法。

警用与军用马伽术的区别

并不是每个人都理解或重视二者的重要区别。例如，在训练宪兵①时，我们通常将适用的要素结合起来，将执法部门与军队各自的最终目标分开，成功地解决问题。重要的是，读者需要理解二者的最终目标。一个常见错误是用执法手段代替军事手段。

面对武力攻击的专业马伽术思维

马伽术训练专注于现实的防卫和格斗本质。针对对手要害和薄弱点的反击是战术的关键所在。在面对武力攻击时，破坏对手的运动功能是格斗或防守战术的核心。

在这基于现实场景的训练中，你将学习如何在遇到暴力冲突时避免因压力导致出现停滞状态。你将学习在无须思考的情况下，利用身体本能和瞬间反应应对危险。你需要在本能反应下保护自己。马伽术的目标是无须思考，立即做出反应。

这种训练能让你为任何可能发生的事情做好准备，当你发现自己处在危险的环境时，你会知道已经经历过这种危险，并且可以完成防御，接下来是自主神经反应。将马伽术转变为本能反应而不是第二反应，是为了在遇到暴力冲突时你能坚持不放弃的心态以及避免思考带来的延迟。最好的结果就是在威胁刚开始的一刹那终结它。

马伽术训练的战术包括应对钝型武器或者匕首型武器的多重攻击。

---

① 类似武装警察。——译者注

同时，在面对枪械威胁进行缴械防御技术时，我们使用了仿真武器来模拟真实冲突场景。注意：在模拟训练时，学员一定要穿戴全套防护装备，包括使用仿真武器时佩戴护目镜。在能够严格控制安全的条件下，我们还允许学员使用实弹进行射击，以证明防御是有效的。

以色列马伽术有 6 个不同的戒备等级：

–5 级（无意识）、–4 级（半戒备）、–3 级（戒备）、–2 级（谨慎）、–1 级（警觉）、0 级（准备好）。

面对暴力冲突时的心理压力

暴力冲突会让人产生严重的压力反应，减缓认知速度。在压力下，本能反应总是会压倒认知反应。大脑边缘系统或原始部分（潜意识）不被认知系统控制，这会缩短行动 – 反应能力曲线中反应和行动之间的时间。行动 – 反应能力曲线表明，应激动作通常会打败认知反应，因为防守方必须"追赶"进行反击。在防御暴力冲突时，缩短从识别到行动的反应时间至关重要。

大脑新皮质（也称为意识脑）主要负责高级认知和分析。矛盾的是，在进行防卫时，大脑边缘系统和大脑新皮质系统可能处于相互竞争或冲突的状态。大脑边缘系统依赖身体的自我保护行为，而大脑新皮质则可能试图对一个行为或事件做出合乎逻辑的解释，这就是我们在应激状态下会出现"僵硬"的原因。在生理压力下，人可能很难清晰地思考，因为人的认知能力受到大脑边缘系统的抑制，此时大脑边缘系统控制着大脑的所有功能。

高强度的压力会影响人体激素（尤其是皮质醇）的分泌，从而损害记忆。因此，我们可以理解本能或有条件的防卫反应的重要性。本能反应会利用肾上腺素。大脑会有 3 个处理阶段：僵硬、逃跑和战斗。如果僵硬不是最佳反应，大脑边缘系统会发出指令，让你逃跑。如果无法逃离，大脑边缘系统的最终任务就是将恐惧转化为愤怒，让身体对抗威胁。因此，防卫和近距离作战（close-quarters battle, CQB）过程包含 4 个阶段：危险识别、风险评估、动作选择、行动或者停滞。

安全领域专业人士深知在任何情况下都要接受可能发生的暴力情况。利用完整的战术来应对攻击方对你的攻击是至关重要的。如果你需要一个强有力的身体反应，练习马伽术将是最佳选择。

暴力冲突下的精神和身体压力反应

众所周知，在面对潜在暴力危险时，压力会保护身体。精神和身体的压力会对你的身体产生冲击。当生命安全受到威胁时，这种冲击可能比恐惧更复杂。不受控制的冲击会打破内平衡，让伤害无法被弥补。人体开始处于关机状态，超过某一临界点就变得不可逆了。

马伽术的目标是通过训练让你从潜意识层面准备好。关键是从突然的惊吓状态转变为防御状态，进而产生进攻思维。人们必须意识到以下 3 点。

一是视觉隧道。在极端压力下，一个人的注意力可能主要集中在最大的威胁上，导致血液和氧气输送到眼睛的量减少，出现暂时性的周边视觉丧失。

二是听觉排斥。一个人的视觉成为主要感觉时，就会削弱听觉。

三是时间和空间的压缩。时间和空间将变得混乱，增加判断速度和距离的相关性的难度，导致慢动作出现。

在遇到任何暴力冲突之前，无论情况如何，你都要有一种“赢者通吃”的心态，在任何情况下都保持不能输且坚定的态度。虽然你不能低估攻击方的能力，但无论攻击方的能力怎么样，你的信念和决心都必须超过攻击方，这才是你该有的心态。有了坚定的信念和过硬的马伽术技能，你将拥有决定性的优势，你将获胜且生存下来。

为了让马伽术成为第一本能，你必须进行精神层面的训练。坚定的信念加上身体做好准备，让你具备在暴力冲突中取得胜利的决定性优势。当然，自信和自负之间是有细微差别的，不要把后者误认为前者。简言之，不论对方的能力如何，你也要相信训练将充分调动你的生存反击能力，从而最终赢得胜利。

马伽术训练理念

马伽术是针对无数种攻击且围绕一些核心战术来设计的。防守方可以从"工具箱"中得到如何使用这些工具的"说明书"。伊米的目标是在任何防守状态下生存下来。虽然马伽术中没有解决持械暴力冲突的固定解决方案，但是一般推荐的就是使用被称为"持续压制的攻击（retzev[①]）"的连续反击技术。精进的技术可以有效地应对武装或非武装的威胁与攻击。防守方需要学习如何保护自己的致命部位。同样重要的是，防守方要学会通过攻击对方的人体薄弱点来削弱其能力。

持续压制的攻击让防守方在战斗过程中无须思考下一步的逻辑动作，本能地进行移动即可。简言之，防守方可以进行无缝衔接且具有压迫性的反击，包括使用击打、摔法、投技、关节技、绞技或其他结合闪避动作的进攻行为。无论是应对武装威胁还是非武装威胁，持续压制的攻击是一种融合了马伽术训练各方面快速而果断的动作技术。防守方会自动从防守状态转变为进攻状态来压制攻击方，让对方几乎没有反应的时间。

持续压制的攻击类似专业的执法人员使用的攻击方式。这种攻击方式是果断并且可控的，它将攻击目标从一个人身上过渡到其他地方上。因此，如果受到攻击，马伽术练习者必须在合法的范围内进行反击，以消除威胁。

持续压制的攻击是一种攻守结合、无懈可击，具有决定性和压倒性的反击方式，是以色列格斗体系的核心技术。当你进行武器防御时，

---

① 此为希伯来语，本意是"持续运动"。——译者注

持续压制的攻击可以进行调整（用武器进行持续压制的攻击），因为近侧手需要控制攻击方的武器或持械手。马伽术中持续压制的攻击可击溃攻击方并完成防御，它结合了上肢和下肢的攻击组合——锁技、绞技、投技、摔法和武器攻击不间断转换。

从专业角度来看，暴力的发生可以预测也可以是突然发生的，这和一个人的训练以及经验有关。有一点可以肯定，即使接受了最好的训练，你也可能会发现自己处于极端被动的状态——你对战斗没有丝毫准备。攻击方会寻找你的漏洞让自己处于优势状态。

作战经验和适当的训练都可以触发你的自动反应机制。实战训练通过对暴力环境的评估触发高压模拟训练的反应，从而提高学员的反应能力。突然的攻击会让你在毫无准备的状态下做出反应。因此，防卫的反应必须是基于本能和条件反射性的。训练能让你提高反应能力，不管危险是来自匕首型武器还是枪械，你都知道如何应对。训练让你的反应变得更加可控。

迅速制敌

马伽术练习者的意图支配着他的反击行为。真正的自我防卫或反暴力的重点不是简单的生存，而是如何以最佳方式制服攻击方。如果你从开始就要制服对方，那么训练有素的突然反击有利于实现这种意图。用距离最近的武器攻击最近的目标。你的目的是在最短的时间内，使用最合适的方式制服攻击方。例如，侧踢对手的膝盖通常会使他无法动弹，让他暴露在你进一步的攻击范围之内。简言之，通过运用反击技术，马伽术练习者可以迅速制敌。

攻击攻击方：人体的薄弱部位

为了阻止攻击方，马伽术的重点是攻击攻击方身体的薄弱部位，主要目标是裆部、颈部和眼睛。次要目标包括膝盖、肾脏、腹部、肝脏、关节、手指、神经中枢，以及其他更小、更脆弱的骨骼。专业人士会立即意识到，对方可能也会选择攻击这些目标，因此，自己的这些薄弱部位也需要一些保护措施。保护性站姿是马伽术训练的一部分。此外，马伽术教你解除攻击方的武装，如果有必要的话，可以用缴下的武器攻击对方。马伽术不同于那些主要攻击难以定位的神经中枢的格斗体系。

对于执法、安保等专业人员，以及普通公民来说，马伽术的一个关键点是了解和运用不同种类武器的能力，包括人体武器（手、小臂、肘关节、膝关节、胫骨、脚和头部）、冷兵器（钝型武器和匕首型武器，作为冷兵器使用的枪械）和热武器（枪械）。另一个关键点是从一种武器类型到另一种武器类型的无缝衔接。

了解人体的薄弱点对进行格斗和实施战术是至关重要的。人体具有惊人的恢复能力。因此，只有在非致命的脑震荡冲击、关节脱臼、骨折或暂时切断大脑血液供应导致攻击方失去知觉时，其才可能被制止。

从专业的角度来看，有充分的证据表明，即使攻击方被大口径子弹击中，也有可能会继续攻击。因此，防守方在威胁被消除之前不能放松警惕或停止防守。一项医学研究表明，64% 的胸部和腹部中弹者在受伤后可以继续战斗超过 5 分钟。此外，在那些头部和颈部受伤的人中，有 36% 的人能够继续移动超过 5 分钟，有些人甚至仍然能够继续进行攻击。

在合适的身体体位下，贴在地面的人受到猛烈的击打时很难进行防守。从逻辑上讲，无论直立还是卧地对抗，如果对方的四肢被打断，那么他就很难进行有效战斗，从而可以尽快结束战斗。每一个关节技都需要通过对关节施加压力以制服对方。当我们教授某些关节技的核心要点时，一旦你了解生物力学，你就可以将这些原理应用到许多情况中，这在对抗中尤为重要。用全部的力量和重量向对手的关节施加压力，是关节技的关键。记住，无论关节技多么快速和果断，它仍然会限制你的移动，让你暴露在第 2 个或者更多攻击方的攻击范围。

24 个薄弱点

马伽术将教会你避免击打硬的骨骼，如后脑和胸腔，而是集中力量击打攻击方的薄弱部位。

①太阳穴。

②眼睛。

③耳朵。

④鼻子。

⑤下颌。

⑥喉咙（特别是气管）。

⑦颈部的侧面和背面。

⑧后脑。

⑨颈底部。

⑩脊柱。

⑪锁骨。

⑫手指。

⑬腹腔神经丛。

⑭肘部。

⑮肋骨。

⑯肝脏。

⑰脾脏。

⑱后背肾脏。

⑲胃部。

⑳睾丸。

㉑大腿。

㉒膝盖。

㉓脚踝。

㉔脚尖。

疼痛可以阻止一些攻击方，但有些攻击方可以忍受强烈的疼痛。因此，只有当关节脱臼、骨折或大脑的氧气或血液供应暂时被切断，对方才会失去进攻能力，这时才能确定已阻止了对方的攻击行为。

受伤和伤害

脊髓反射控制着人体对伤害的生理反应。不但人体有恢复能力，而且结构损伤对人体的影响在某种程度上是可以预测的。因此，马伽术练习者通常可以预测自己的反击将如何影响攻击方随后的动作。从战术上讲，第一下反击之后将开启随后的反击之门。举个例子，当攻击方的面部被击中时，通常他的头部会向后移动，暴露出喉咙和颈部的同时骨盆被迫前倾，然后可以对其裆部进行攻击。结束暴力冲突的最佳方式是在必要时迅速、持续地反击对方。

竭尽全力、一对一、近距离的个人反击通常持续不超过几秒钟。仅采用简单的生存思维是不够的，在一场激烈的肉搏战中，没有人会轻易获胜。一个人虽然能活下来，但通常会受到伤害。马伽术的核心与其说是战斗的威力，不如说是防御转为进攻的能力。有经验的人都会明白，特定的防守战术在对抗中很少奏效或很难应用，相反，进攻能力才是最重要的。适时、果断的抢先攻击使对方无暇反击，然后继续打击，这种方式通常都很有效。换句话说，获胜者是率先成功利用了对方生理上的弱点，然后通过连续的动作将其制服的一方。

重要的是，在被袭击或"−5级"状态下，应对一种特定的威胁或攻击时，特定的防御战术可能会成功运用出来。换句话说，在必要的情况下，被袭击的防守方要先做出防御反应，然后尽快转变为反击。反之，在交战中攻击能力则占据非常重要的位置。先做出攻击让对方猝不及防，再继续进行攻击的人通常是获胜的一方。当遭遇潜在的致命危险时，每一次反击的重点都在于使对方失去攻击能力。

当别无选择进行反击时，专业的马伽术练习者可以在法律允许的范围内反击攻击方以保护自己。

再次强调，在防卫或肉搏战中正确地使用武力会得到正义的结局。防守方要坚信自己可以获得胜利。

法律考量

不管何时何地如何利用马伽术进行个人防卫，必须确保是合法的。对于非执法人员来说，反击程度必须与威胁相当，并在特定情况下达到客观合理的标准。在这里需要清楚地说明，当这些进行自我防卫的人面对威胁时没有其他选择。以下 3 个因素可以帮你判断威胁是否存在：意图（主观伤害你的证据）、能力（具备伤害你的工具或者力量）、机会（近距离）。

如果上述 3 个因素中的任何一个不存在，或者如果你能完全避免威胁，你就不是在进行自卫。虽然本书的重点是专业马伽术的应用，但应用必须满足正确的使用条件——合适的武力。下表是对以色列马伽术体系哲学和战术的总结与参考。

专业的马伽术四大战术支柱

同时进行防御和反击	关注人体薄弱部位，了解人体结构
将防守和进攻结合成一个完整的战术。采取一切必要行动以应对威胁	攻击对方身体的薄弱部位，包括裆部、眼睛和喉咙
持续压制的攻击或其他连续的攻击动作	掌握一些本能战术
必要时以适当的武力快速、连续地攻击，让攻击方没有时间做出反应	学习一些核心战术，并本能地在各种情况下运用它们并取胜

马伽术的优势

重要的是思维模式：迅速而果断地解决对手。在竞技体育运动中，抠眼睛、击打喉咙、头槌、撕咬、拉拽头发、抓、掐、扭、击打脊椎和后脑勺、击打手肘、小关节技、击打肾脏和肝脏、攻击锁骨、膝击或踢击在地面的攻击方头部、将攻击方头部朝下摔倒地上等行为通常是被禁止的。而这些正是马伽术强调的核心攻击组合。

每个人具备的力量和能力不同，有些人可能拳法很好，而有些人擅长缠斗、摔法或投技。马伽术体系适合防御，因为防守方不需要调整自己来迎合马伽术的解决方案或规定的移动方式。为了使用精简的马伽术体系，你必须根据自身调整技术，让这些技术为己所用。从概念开始，以战术结束。选择自己最舒服的击打方式和格斗手段，增强自己的信心。

马伽术核心原则

将攻击攻击方变成本能。以对方身体薄弱点为攻击目标。

将防守变为攻防并发。将防守和进攻结合成完整的战术。

持续压制的攻击。马伽术强调持续压制的攻击。以合理的组合攻击方式攻击对方，让其没有时间做出反应。理解持续压制的攻击和不同攻击组合的区别：不同的攻击组合缺乏持续性，反击行为不会本能地完成，持续压制的攻击可以让身体本能地完成移动（无须思考下一步动作），在移动过程中攻击对方薄弱点。

采取果断行动。制服攻击方。

消除格斗限制。采取一切手段应对威胁，打击试图攻击你的敌人。

掌握一些有效的战术。学习核心防守和反击动作。

让训练尽可能真实。训练必须模拟真实攻击情境，以体会一个真正攻击方的攻击速度、攻击方式以及攻击力。

联想训练。除了和搭档一起训练，也可以运用联想方法来训练，让身体本能地对危险做出反应。

马伽术战术定位

不管是站立还是俯卧状态，合理的步法以及姿势能让你同时进行防守和攻击，实现无缝衔接的战术转换，这是持续压制的攻击关键所在。躲避的关键是避开"火线"或对方的攻击线路。显然，当你处于可以轻松攻击对方而对方很难攻击你的位置时，对你才是最有利的。对抗时的站位选择决定了你的战术是处于优势还是劣势。最理想的情况是技术娴熟的马伽术练习者迅速地移动到支配位置，以使自己处于优势，这个位置在马伽术中被称为死区位置（deadside）。

死区位置通常会让你获得决定性的战术优势。这个战术应该以你本身的能力以及战术习惯为主，包括配合躲闪的长距离、中距离、短距离攻击组合。当你面对多个攻击方时，站位变得更加重要。一旦你占据了死区位置，对方将很难抵挡你的连续进攻。因为持续压制的攻击是运用你身体的所有部位进行多角度组合进攻，进行压倒性反击。

当你面对多个攻击方时，一次只能对抗一个攻击方，因此要采用合适的攻击以及战术移动，将面前的对手置于你和其他攻击方之间。没有经验的攻击方很有可能会堵在一起。如果马伽术练习者使用正确的战术移动（不将自己置于两个攻击方之间），就可以有效地限制对方的攻击能力。虽然同一区域内想打到你的攻击方的数量肯定是有限制的，但有时你不得不直面这种一对多的情况（马伽术有这方面的训练）。

应对突然袭击

应对突然而来的袭击，需要使用更高的武力等级，因为你没有时间理性地分析危险状况。换句话说，你的防御性反应必须在毫秒级的时间内完成。马伽术的目标是让你不假思索地立即做出反应。重申一下，马伽术最重要的是立即解除威胁。当人们认为你已经安全的时候，任何额外的防御行为实际上都可能变成进攻行为。如果你继续攻击一个不再构成威胁的攻击方，你可能需要承担民事和刑事责任，特别是你故意使用攻击方的武器来攻击他时。

突然袭击的 5 个要素

①被袭击者通常会出现注意力不集中、大意、寡不敌众，或者毫无防备的情况（-5 级）。

②攻击方在位置和环境方面处于优势，被袭击者逃跑的机会非常小甚至没有任何可能。

③攻击方通常从隐藏位置直接发起进攻或先靠近被袭击者然后突然攻击。

④攻击方会提前规划逃跑路线。

⑤攻击方有意图，通常也有能力控制被袭击者。

观察攻击

人类有视觉盲区，因此，低位前踢或上勾拳等类型的攻击可能会出现在对方视觉范围之外。在判断直线攻击的速度和识别静态背景下移动的物体速度方面，人类视觉很受限。因此，从战术上来说，直线攻击也更难识别和防御。弧线进攻更容易辨认，如平勾拳和扫踢。此外，弧线攻击的距离大约是直线攻击距离的 3 倍。

训练有素的格斗选手寻求精神上的投入和相应的身体反应，如急促的呼吸、攻击前不易察觉的重心移动。瞳孔的扩张和收缩可以反映出即将进行的攻击，一个有经验的格斗选手进攻时可能不会出现这些表象，因为他已经有了经验，并且这成了他的第二天性。当肾上腺素大量分泌时，从头到脚的轻微颤抖也是一个明显的提示。如果他在收缩身体而不是展开，你可能面对的是一个准备进攻的训练有素的对手。

大约85%的人惯用右手，大多数攻击方可能是从右手开始进攻的。因此，学会应对各种突发攻击的防御是至关重要的，包括用左手进攻。一个熟练的格斗选手会使用所有的肢体进行各种组合攻击，并且可以反复改变他的站姿以取得优势。当然，大多数不太熟练的攻击方会从他们较强的一侧开始进攻，在训练时我们建议考虑这一点。靠近攻击方并控制其惯用手，并让他处于被支配的状态下，这是特别重要的。

在本书中，以下术语将经常出现。你理解了马伽术的术语，就能更好地理解技术。

马伽术术语

反关节：一种腕关节技，让对方的手腕做违反生理结构的动作，通常会结合身体和步法旋转来增加力量。

冷兵器：钝型武器和匕首型武器。

格斗：任何形式的打击、抱摔、投技、关节技、绞技或其他进攻性动作。

死区：攻击方的死区，与其活区相对。防守方位于攻击方近侧肩后面或面对攻击方的背部，是处于一个可以反击和控制攻击方的有利位置，因为攻击方很难用远离防守方的肢体来进攻。防守方应尽量移动到攻击方死区，这也可以将攻击方手置于自己和任何第三方威胁之间。

肘碰肘：控制攻击方持有的任何武器，将其摁在攻击方身体上时，防守方移动到攻击方的死区，在防守方手臂和攻击方手臂之间形成一个角，两人肘尖会有接触。防守方的前臂和攻击方的持械手形成"V"字形，防守方前臂压制攻击方手臂时要处于低位。

"4"字形：控制攻击方手臂、躯干或脚踝并且可以施加外力的方法，主要是通过双手按住攻击方的手腕、肩膀等来完成。例如，防守方已经固定了攻击方的右手腕（攻击方肘关节指向地面），防守方的右手放在攻击方右手手背上，将攻击方的手腕向内弯曲，使肘关节（攻击方肘关节指向地面）固定在防守方的胸前。同时，防守方的另一只胳膊滑过攻击方的前臂上方，并抓住自己的前臂，实现交叉控制。这种手臂控制也可以利用前臂骨骼边缘攻击攻击方跟腱或从背后骑乘位控制攻击方躯干。"4"字形也可以是防守方通过用一条腿勾住攻击方躯干，并将其固定在自己另一个膝盖的弯曲处。

滑步：一种通过脚掌滑动的动作，重心向前，将整个身体向前移动，最大限度地增加击打力量。

绿区：四肢主要肌肉群。绿区击打旨在分散攻击方注意力，暂时削弱攻击方能力。

肘盾：用肘进行格挡防守。

热兵器：火器（主要指枪械）。

内侧防御：应对内侧或者直线攻击的防御方法，包括前插动作，比如用手指戳击攻击方眼睛或用直拳打击攻击方鼻梁。

马伽术练习者：本人生造的一个词，用来形容聪明且有准备的马伽术练习者。

左架站姿：双脚向右旋转 30° 同时侧身，左臂和左腿向前（也可以向左转 30°，变成右架站姿，右腿和右臂向前）。可调整站立姿势让自己更舒服，比如可以将后脚倾斜 30° 以上，或者采取任何一种可以让自己快速移动的站姿。双脚保持平衡舒适状态，两脚平行，大约 55% 的体重放在前腿上。手臂放在面前，前臂和上臂之间以大约 60° 的角度稍微向前弯曲。以这个姿势向前、向两侧和向后移动。

活区：面对攻击方，攻击方可以看到防守方并使用所有肢体进行进攻，此时防守方处于攻击方的活区。

近侧：靠近攻击方肢体的一侧。

−5 级：防守方毫无准备，处于完全不利的环境。攻击方处于优势位置且可以随时发动进攻。

离角：非面对面的进攻角度。

不稳定武器：枪械子弹已经上膛，处于随时待发状态。

外侧防御：应对从身体外侧打向身体内侧的攻击，比如掌掴或者平勾拳。

人体武器：手、脚、肘、膝、臂、腿、躯干、头、牙齿。

持续压制的攻击：此为现代以色列马伽术最重要的技术，在格斗过程中，不需要思考，本能地移动身体。在危险的情况下，它会让人自动调整身体和心理进行连续性、压制性的反击，可用击打、抱摔、投技、关节技、绞技或其他结合躲闪动作的进攻行为。持续压制的攻击是一种快速而果断的动作，融合了马伽术的各个方面。防守动作会自动转变为进攻动作以压制攻击，不给攻击方反应时间。

同侧：双方相向站立时，正面面向对方的手臂或腿。例如，面对攻击方，防守方的右侧与攻击方的左侧相对，那么防守方右臂的同侧手臂就是攻击方的左臂。

上步：与滑步相比，步子会更大一些，可以覆盖更远的攻击距离，并且将身体重心前移增加击打力量。

避开攻击线：利用步法和身体移动来规避直线进攻，如直拳或前踢。这样的动作也被称为破坏进攻角度。

红区：头部、脊柱、裆部等重要部位。击打红区的目的是让攻击方的中枢神经系统受到震动，以阻止他移动。

180°后撤步转体：将一条腿向后旋转180°或做半圆步，在关节上施加力量完成摔法或者控制。

缠抱：防守方用一只手臂夹住或抓住攻击方手臂，用另一只手臂进行击打。

第二章

常见的身体攻击防御、摔投及防摔

无论是站立还是俯卧状态，结合时机正确的步法和身体移动，可以同时进行防守和进攻，形成无缝战术转换，这对持续压制的攻击至关重要。躲闪的关键是避开"火线"或攻击方的攻击路线，所以马伽术的基本原理是靠近攻击方并消除威胁。显然，让自己处在可以攻击对方，而对方很难攻击自己的位置是最有利的。

最理想的情况是，在攻击方开始攻击之前缩短双方的距离，这样可以用强大的攻击组合削弱攻击方，不让攻击方有机会利用武器，然后实现主导控制。

如果攻击方进行持械攻击，拉近距离可以让防守方结合身体动作进行变向防御或格挡防御，同时进行高强度反击。

最好的情况是马伽术练习者可以快速移动到攻击方的死区。这通常意味着拥有了战术优势，此时防守方除了使用人体武器，还可以使用冷兵器或其他武器。终极策略应该围绕防守方的个人特长和习惯，结合躲闪的移动以及武器运用的长、中、短组合攻击。面对多个攻击方时，移动变得更加重要。

直拳的防御

正如前文强调的那样，马伽术是让人尽可能地通过身体防御来避免攻击（包括持械攻击），使用持续压制的攻击方式反击并消除威胁。对攻击进行变向的防御手需要引领身体，即防御手进行变向的动作应该先于身体其他部位的防御动作。这能让防守方远离"火线"或避开攻击线，获得双重保护，并消除威胁。

注意：一些极端武力在此不做陈述。

打向面部直拳的滑挡防御

这种防御方法是改变攻击方后手拳的方向，并同时进行反击。

先用掌根或前臂下部进行变向防御，再用同侧手臂攻击攻击方。

同侧手臂立刻攻击攻击方眼睛，为即将进行持续压制的攻击创造条件。

滑挡防御避开攻击线

改变攻击方后手拳的方向，同时移动身体避开攻击，并且反击攻击方鼻梁、下颌、喉咙、腹部或裆部。注意：这种防御和下述的相关防御使防守方能够使用相同的方式（尽管使用相反的动作）来防御攻击方的直拳进攻，同时拉近与攻击方的距离并消除威胁。用手引导身体防御，通过滑向攻击方的右臂来改变其打击方向，右臂画半圆以打击攻击方的鼻子、下颌或喉咙。

左架站姿开始。

防守方向左侧迈步，左手从对角线方向越过面部靠近攻击方右肩位置。
这里的关键点是变向和避开攻击线，移动两脚的同时进行反击。不要
移动太猛，保持双脚移动相同的距离。防守方也可以击打攻击方的肝
脏或裆部（如果攻击方有身高优势，则防守方很难反击其头部，那么
在这两个位置反击是有效的）。

 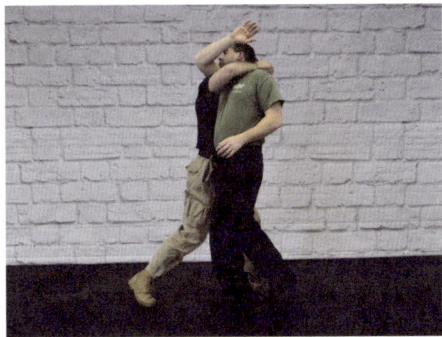

这种防御之后很容易控制攻击方右臂形成站立手臂三角锁进行血绞。防

守方一定要通过用右臂的桡骨抵住攻击方的左侧颈动脉，同时将攻击方右肩紧紧抵住其右侧颈动脉。防守方也可以用大外刈将攻击方摔倒。

改进型站立三角锁

防守方用进行反击的手臂绕住攻击方颈部，用肱二头肌抵住一侧颈动脉血管。左、右颈动脉血管通过颈动脉鞘将血液输送到大脑。防守方可利用攻击方的肩膀压在其另一侧颈动脉，用"4"字形将其钳住并施加压力形成血绞。然后，防守方可以完成很多摔法，包括将攻击方摔到地面完成地面血绞。另外，防守方还可以从改进型站立三角锁的位置进行更激烈的摔投动作。

以下几点需要注意。

①如果判断错了攻击方的拳法攻击（如攻击方打的是左直拳而不是右直拳），使用滑挡防御避开攻击线后仍然可以完成防御。在反击时，防守方可以利用身体防御（离开攻击线）躲避攻击方的进攻。在这里，最危险的是防守方处于攻击方的活区位置，攻击方还可以进行有效反击。首选的防守总是移动到攻击方死区位置，最大限度地限制其反击能力。

②当防守方站在地面并且稍微偏向一侧时也可以使用内侧滑挡防御。用高位腿的胫骨顶住攻击方腹部，另一只脚扣住攻击方腿或臀部，以锁住攻击方，这也被称为改进型"Z防守位（Z guard）"。防守方通过身体防御避开直拳移动到攻击方死区，同时反击完成绞技。防守方进行滑挡防御时要确保将攻击方的手臂尽可能向上移动，同时进行反击，之后还可以进行更多的进攻，包括（但不限于）控制攻击方头部或喉咙，也可以进行移动，完成十字固。

③如果攻击方在面前稍微外侧的位置，滑动防御也可以用来应对外侧直拳并完成与前面描述的相同的动作。所有防御的时机选择都是

至关重要的，必须及时避开攻击线，改变攻击方的攻击方向并进行反击。

双手滑挡防御膝击反击

这是一种攻击性非常强的反击，使用双手进行变向并完成身体防御，膝击对方裆部或者小腹。

左架站姿开始。

针对攻击方的右直拳进行双臂变向防御。旋转双臂，使前臂朝向一致，双手微微成杯状，掌心向下。这可以很有力地改变攻击方右臂攻击的方向。沿着左侧方向上步，同时，借助身体重心，以弧线膝击攻击方裆部或小腹。

接着以从上至下的肘击猛击攻击方的颈部，然后进行持续压制的攻击。

注意：如果双方同向站立，攻击方突然发起袭击，防守方也可以使用这种防御方式。再强调一次，必须避开攻击线，用双前臂挡开，发力攻击攻击方腹部。

后手直拳进攻的内侧"L"形防御，同时避开攻击线完成反击和悬挂锁头

这类似于内侧滑挡防御，改变攻击方直拳方向的同时避开攻击线，压制攻击方手臂，反击攻击方面部完成悬挂锁头。

变向动作不超过 15 厘米，以此引领身体防御行为。需要注意的是，这里不是不加控制地拍击或抓住攻击方的手臂（这是初学者常犯的错误），而且利用防守手臂从小指到肘部的范围应对攻击方不同高度的攻击。这个移动会让防守方的左手手腕发生旋转，左手拇指和其他手指朝向上方，与攻击方接触时避开攻击线，改变攻击方的拳法攻击。

左架站姿开始。

利用步法移动避开攻击线，左手变向带领身体移动。

改变方向后，左手呈杯状勾住攻击方手臂，手臂向下压住攻击方躯干并同时反击攻击方喉咙或下颌。

重击攻击方后，用左臂向前推击攻击方背部，稍微弯曲手肘，伸展前臂（使用弧线动作），穿过身体完成站立锁头。注意：防守方也可以避开最开始的拳法攻击，直接反击。进攻手臂轻微弯曲，以防止肘部过度伸展。先击打攻击方喉咙，然后迈步来完成锁头。

保持严密控制，绕过攻击方上步，用手臂固定攻击方颈部。卡住喉咙，用髋关节抵住攻击方，以髋关节为支点把攻击方从地上抬起来，这个悬挂技术及其变形只能在生死关头使用。

注意：此法也适用于防御长柄武器的直刺攻击。

平勾拳防御

平勾拳防御接 6 号控制约束技术

这个技术体现出了马伽术是利用本能反应的——在遇到攻击时利用本能躲闪并且"拍击"。很重要的一点是，防守方不是拍击攻击方的攻击手，而是利用外侧切砍的动作进行反击。

从 -5 级姿势，或者非武力升级状态下交谈的姿势开始。

近侧手臂下沿（尺骨）格挡攻击方的攻击手，同时上步避开攻击线，击打攻击方下颌或气管。反击必须符合正当防卫标准，因为这有可能会导致攻击方严重受伤。

控制攻击方手腕，膝击攻击方大腿（绿区），如果有必要，可以攻击攻击方裆部（红区）。

抓住攻击方右手手腕，用另外一侧小臂（桡骨）打击攻击方肘窝处并折叠过来，完成6号控制约束技术（木村锁）。

向前、向上旋转对方肩膀，确保攻击方在向地面移动时处于自己的控制下。必须确保攻击方的肩膀以及躯干贴紧自己的身体以保持控制。

继续施力将攻击方滑动到自己的2点方向（防止攻击方滚动或者抵抗），如果需要，施加更多约束力量。

本能防御——平勾拳双格挡

这个技术再次体现出马伽术利用本能反应——通过本能反应躲闪或者举起双手保护上半身。

在交谈、低冲突姿势或 −5 级姿势下，防守方双臂内侧（尺骨）成60°夹角同时竖起格挡攻击方拳法攻击。

立刻切砍攻击方颈动脉鞘，然后进行组合击打，包括膝击攻击方大腿（绿区）。如果有必要膝击裆部（红区）。

通过抓住攻击方手腕控制其手臂，用另外一只手臂的桡骨切击攻击方肘关节，折叠攻击方手臂完成 6 号控制约束技术（木村锁）。

利用身体压制攻击方手臂和躯干，保持控制。防守方可以选择沿着自己的 2 点方向将攻击方控制到地面上（防止其进行滚翻或对抗），然后进行约束。参见"平勾拳防御接 6 号控制约束技术"。

平勾拳防御接面部控制进行绞技

这个技术是最常见的攻击技术——平勾拳的马伽术持续压制的攻击方式。

左架站姿开始，避开攻击线进行 360° 外侧格挡防御并反击。

格挡的同时使用直拳、手掌虎口击打攻击方喉咙，掌根击打或用其他反击方式。防守方格挡手臂保持压制并且让攻击方手臂下移，同时另外一侧空闲的手从靠近攻击方眼睛的位置斜击其面部。

通过持续压制的攻击方式击打攻击方面部直到完成拿背。

完成裸绞。其他的选择包括连续击打攻击方面部。防守方也可以从后面箍住攻击方面部向下移动，膝击攻击方后脑或者脊柱。

平勾拳防御接面部控制

这是马伽术持续压制的攻击方法的一个技术展现。

左架站姿开始。

避开攻击线，进行360°防御，利用本能格挡并反击。

格挡手臂保持接触，另外一侧手呈钩状拖拽攻击方肘关节下方。拇指贴近其余四指而不是被其手臂分开。完成面部控制。

平勾拳防御旋转接裸绞

与上一个防御技术相似，这个防御技术要求防守方进入一个可进行裸绞的位置。

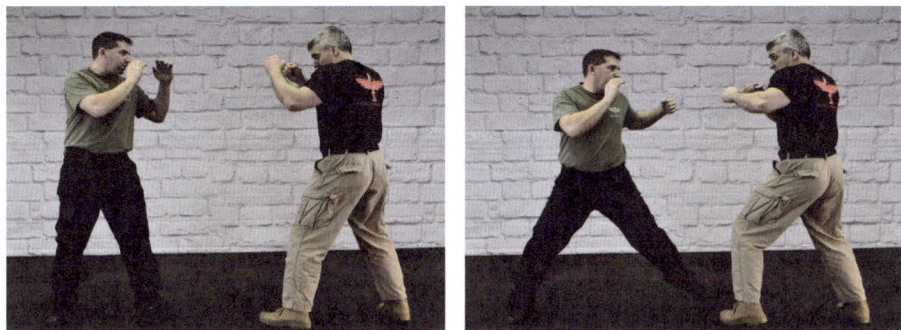

左架站姿，前脚向左侧撤步，顺势出前手反击，可以用虎口戳击攻击方喉咙，也可以用拳或掌根打击攻击方面部。

格挡手臂保持接触，钩状握法勾住攻击方肘关节下方。拇指贴近手掌，不要被攻击方手臂分开。勾拉攻击方手臂，利用180°后撤步转体的步法旋转移动到攻击方后背位置。

进行绞技。其他方式包括攻击攻击方面部、手指戳攻击方眼睛或者抓攻击方面部及喉咙。防守方也可以从后侧控制攻击方面部向下移动，膝击攻击方后脑或者脊柱。

悬挂锁脖。

绞技控制

　　绞技可终结双方的对抗。防守方只有在非常担心攻击方有意中伤时才可以使用绞技。马伽术中，有两种绞技——气绞和血绞。二者的作用相同，其效果取决于使用绞技的力度及时间。

　　气绞是阻止空气回到肺部，从而切断大脑的氧气供应。另外，绞技会对气管、舌骨和喉咙造成严重损害。舌头会卡在喉咙后部，堵塞气流。注意：绞技有可能加剧或者诱发原有的疾病，从而导致死亡。

　　血绞是通过压制颈动脉和颈静脉来阻止血液流动。须特别强调的是，不能让任何人用手、胳膊或腿缠住颈部。

　　腕部和前臂的尺骨、桡骨边缘很容易对喉咙和颈部进行施压，也可以利用攻方或自己的衣服进行反击。头部要靠近攻击方避免被其攻击。

下面的 3 种技术都是从背后发起的，也是实施绞技的最佳位置。

裸绞被认为是两种绞技的优势组合，可以施加极端的压力。前臂和肱二头肌挤压对方颈部两侧颈动脉鞘，阻止血液流向大脑。右手抓住自己的左侧肱二头肌，左手缠绕对方头部后侧，手放在对方头骨后面。不要把手放得太高，因为对方可以通过移动或者抠拉手臂来破坏裸绞。为了施加压力，手臂朝向自己的身体进行挤压，弯曲左侧手臂肱二头肌的同时手向前施加压力。与此同时，将对方的头倾斜，以使自己的手臂增加压力。身体向前压（左手手臂上方）、向回拉（右手手臂下方）产生最大的压力。防守方还可以将攻击方稍微移动到一边，再移动到另外一边，以此干扰对方。确保身体紧贴对方，收紧下颌。非裸绞手扣紧，收缩手臂，限制血液流动。这种裸绞特别有效。确保髋关节伸展，以便任一手臂都可以进行绞技。如果在地面上，不要进行双脚交叉，除非可以获得"4"字形状态，保持双腿在对方腿上面，防止对方进行踝锁。

悬挂锁脖是通过挤压颈部两侧的颈动脉鞘，阻断流向大脑的血液。利用肱二头肌和手臂来施加压力。身体贴着对方，收紧下颌。和同伴一起练习时要格外小心。

将攻击方拖入地面战的策略

3 种使攻击方倒地的方式。

①破坏攻击方平衡，包括打击、摔法。

②破坏攻击方支撑，包括打击、缠腿、扫腿，特别是重心移到前腿时。

③通过控制关节迫使攻击方倒地。攻击方站立时，足跟勾技特别有效。足跟勾技要利用髋关节和核心力量，不只是用腿。当防守方移动髋关节时腿要跟着移动，确保攻击方失去平衡。

要注意一点，人在倒地时会本能地进行抓握，所以当攻击方倒地的时候，有可能因为抓握或锁技等导致防守方也倒地。因此从战术上来说，进行薄弱点（如眼睛、喉咙、裆部等）的攻击就很有必要。

为了控制攻击方的重心移动通常会用到推或拉的动作。这种组合进攻在站立情况下对破坏攻击方重心特别有效，如攻击方的腿无法通过快速移动来维持平衡。

以色列马伽术大纲整合了很多投技。马伽术创始人伊米被摩谢·费登奎斯授予柔道黑带，摩谢在日本师从传奇大师嘉纳治五郎。投技和摔法，与马伽术思想一致，就是用最小的代价获取最好的效果。

这很好理解，马伽术就是为克服体型和力量差异而设计的。再次强调，要先同时进行攻击和防御以破坏攻击方攻击，然后立即转为投技或摔法，利用重力将攻击方摔至地面以进一步消除威胁。强有力的反击可以打晕攻击方，也可以让其失去平衡，这样防守方就可以完成投技或摔法。

一个不稳定的攻击方显然比一个稳定的攻击方更容易对付，即使防守方的第一次投技或摔法失败，只让攻击方保持了部分平衡，防守方也可以继续根据连续战斗的理念，运用后续的攻击或一系列组合进攻来进行持续压制的攻击。这是始终保持从一种技术无缝衔接到另一种有逻辑的技术的方式。

在绿带水平（传统马伽术第三级别的带色）中，伊米整合了柔道中最简单且有效的投技和摔法，将马伽术上半身核心防御与选择的投技和摔法衔接起来。重力发挥作用的过程中，再加上投掷或摔法所产生的惯性，让伊米意识到把人摔到地上会使其失去攻击性，或者至少暂时削弱其攻击能力。

当攻击方试图摔防守方时，从移动和战术的本质上来看，他也在给防守方创造一个反摔的机会。所有的格斗都是如此，包括踢法、拳法、膝击、肘击。一个好的格斗选手会尽量减少空档，如果防守方的技术足够好，依然可以识别这些空档并进行反击。

下文介绍的摔法和投技是为身穿执法装备的警察设计的。这些技术能尽可能防止防守方与攻击方纠缠在一起。另外，这些技术考虑了执法人员穿戴的装备，避免额外的负重、装备限制执法人员移动。下文介绍的所有摔法默认防守方在攻击方的右侧并且刚刚完成右直拳的防御。下文中摔法和投技使用的日语名称在马伽术大纲中也有体现。

无规则反击战术

马伽术在发展之初，创始人伊米认识到有必要开发对抗基于柔道的军事格斗技术。因此，伊米开发了以"无规则"为导向的反击战术。一些关键技术包含在绿带至黑带水平的以色列马伽术大纲中。

关于反摔，防守方可以利用攻击方的惯性和位移，即当攻击方试图摔投时，也为防守方创造了反击的机会。重要的是，这适用于所有的格斗类型，包括踢法、拳击、膝击、肘击等。一个好的格斗选手会尽可能减少留给对方的攻击机会。如果防守方有足够的能力来识别它们并正确地执行反击战术，机会是一直存在的。记住，反击也不是没有风险的，因为防守方已经让攻击方掌握了主动权。显然，一名优秀的防守方必须了解每一个投掷技术的原则和战术。

应对平勾拳的防御接投技

下面的投技是在防守平勾拳之后进行的，相同的原则也可以用在前文描述的应对直拳的滑挡防御。这些投技用日文描述为腰车（Koshi guruma）、扫腰（Harai goshi）、一本背负投（Ippon seoi nage）。

平勾拳防御接腰车

360°的防守结合了避开攻击线的内容，有利于进行腰车投技。在格挡攻击方拳法的同时，上步避开攻击线重击攻击方，通过使用正确的步法，用躯干顶住攻击方，然后使用腰车。在攻击方失去平衡、重心明显向前超过其脚的时候，才可以开始使用投技动作。

左架站姿防守。格挡的同时上步避开攻击线，同时反击。

在反击攻击方后，右脚沿对角线上步至攻击方右脚的内侧。后脚上步的同时，将身体旋转，左脚脚后跟指向对方左脚内侧。这2个步法可以让防守方的后背顶住攻击方的躯干。防守方的右侧髋关节必须置于攻击方髋关节外侧。防守方向攻击方的右前方拉拽其手臂以破坏攻击方平衡，同时用右手臂将攻击方拉向自己，创造出拉锯的效果。防守方必须紧贴攻击方的身体。

防守方把重心移到左脚的同时，左臂快速向前拉，做旋转运动。为了摔倒攻击方，应屈膝获得杠杆效应，臀部低于攻击方的臀部。防守方将攻击方向前拉时，要把重心转移到前脚掌上，微微弯曲膝盖以保持平衡。一定要牢牢控制攻击方的上半身，紧紧地挤压攻击方的上半身并伸直双腿，让攻击方以圆周运动的方式被拉向前方，然后在右髋部上方进行旋转，让攻击方旋转倒地。

如果需要，可以加上踩踩动作。

平勾拳防御接扫腰

与之前的两个摔法类似，防守方在进行拳法防御并上步避开攻击线反击攻击方的同时，利用步法移动以及用自己的躯干控制攻击方身体，防守方可以使用扫腰。在攻击方没有失去平衡、重心没有移动到右前脚前，不要使用投技。再强调一遍，防守方若使用这个投技，则需要先将攻击方置于自己右侧并且破坏其平衡，确保攻击方的躯干贴近自己，然后完成投技。

左架站姿，格挡攻击方以避开攻击线，并进行反击。

重击攻击方后，防守方右脚朝对角线方向上步至攻击方（右）脚内侧。上步的同时，移动身体，并将左脚跟滑到攻击方（左）近侧脚的内侧。这两个步法使防守方的背部转向攻击方的躯干，右侧髋关节必须在攻击方右侧髋关节外侧。朝攻击方的右前方拉拽其手臂以破坏其平衡，防守方的右手臂同时将攻击方拉向自己，创造出拉锯的效果。

将攻击方向前拉时，要把重心转移到自己左脚的前脚掌上，轻微弯曲膝盖以保持平衡。转移重心的同时，右腿向后扫，猛击攻击方的右小腿。重要的是，左手臂从向前拉逐渐变成做弧线运动。开始做弧线运动时，右腿果断地向后踢，小腿肌肉内侧撞击对方的小腿外侧，完成扫腿动作，将攻击方摔到地上。

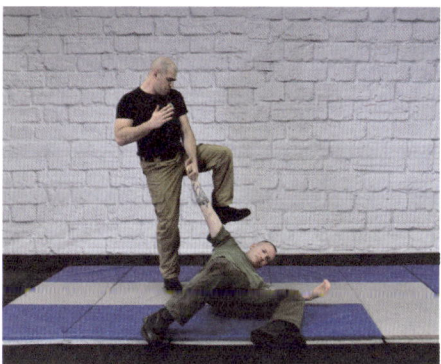

右脚脚尖朝下，右腿扫击攻击方的同时，头和手臂都需要向下运动完成投技。如果需要可以加上踩踹。

直拳的防御接一本背负投

一本背负投是马伽术的一个特定防御技术。防守方在完成高位直拳的换挡防御之后，迅速锁定攻击方的攻击手臂。出于本能，攻击方会收回手臂，因此防守方需要在高位进行反击，将攻击方手臂打开。当防守方迈步避开攻击线时，反击并且用后手锁定攻击方手臂，再采取合适的步法移动，旋转身体顶住攻击方躯干，使用一本背负投。

左架站姿，避开攻击方直拳并完成滑挡高位反击。防守方保持拇指朝上则可以在完成滑挡反击的同时压制住攻击方的直拳。防守方必须反击攻击方，否则攻击方会本能地收回手臂，导致无法进行投技。

击打攻击方的头部后，控制攻击方的右手臂，左脚上步旋转开始投技。

右脚交叉步上步的同时变换站姿，调整身体角度，同时将左手缠绕到攻击方右侧手臂上方的肘关节下沿，弯曲的肘部呈"V"形紧贴在攻击方腋窝。身体左侧的斜方肌和三角肌应该在攻击方的手臂内侧，身体右侧靠近攻击方的上半身。

锁定攻击方的右臂，左手放在攻击方的手腕上。弯曲膝盖，使臀部与攻击方的裆部在一条直线上，或者尽可能放低上半身，将攻击方扛起。防守方若让攻击方手掌朝上并锁定其手臂，则可完成十字固。摔投时，防守方可双手向右拉，用右肩将攻击方向下摔。

注意：一本背负投的一个变形是防守方其中一侧膝盖或双膝向下跪让攻击方越过自己的肩部摔下。因为防守方离地面更近（膝盖向下跪），对攻击方造成的伤害可能会小一些。不管怎么样，这是一个非常有效的投技。跪姿摔法的变形可以用在攻击方挣扎或向前移动的情境中。

滑挡防御之后接手车

该防御方式是改变攻击方后手直拳方向的同时避开攻击线，然后反击攻击方的鼻子、下颌、喉咙、腹部或裆部。注意：防守方可以使用这种防御方式及其相关技术应对直拳进攻并靠近攻击方来摆脱危险。

该防御方式的关键点是改变方向并移动双脚避开攻击线。不要跳步，保持双脚等距离的移动。防守方可以击打攻击方的身体，如击打肝脏或裆部（没有身高优势很难击打攻击方头部的防守方，可以采用这两个反击方式）。

防守方可用这个防御继续完成对攻击方手臂的控制并膝击其裆部或腹部，然后左手肘击攻击方的后脑。防守方还可以继续进行连续性的击打，包括以多种动作击打攻击方的头部。防守方若能击打攻击方的面部，则可以继续进行连续进攻，如踩踝或拿背，同时保持以肘击或拳法击打攻击方的头部或颈部。

左架站姿开始，左脚上步的同时，左手沿对角线掠过自己的面部后，靠近右侧肩膀。

手部防御可以让防守方的身体避开攻击方的攻击并利用滑挡防御压制攻击方的右手，与此同时，右手做弧线击打攻击方的鼻子、下颌或喉咙。

拉近距离后，防守方开始进行投技，用反击手控制攻击方的躯干。

开始投技时重心下移，另外一侧手臂攻击并抓住攻击方的裆部。膝盖弯曲，背部挺直。

抓住攻击方裆部，并将其抱起（马伽术的术语为"倾倒"），将攻击方头部朝下摔至地面。

手车的变形——对方向前倒地

与前文描述的进入手车投技状态的动作类似，另外一个变形是抓住攻击方向前摔而不是抱起来向前摔。这种变形是为了让体型较小或没有足够力气抱起攻击方的防守方也可以将其摔倒。

降低重心，抓住攻击方睾丸。

不用把攻击方抱离地面，完成勾拉动作。之后用踢法或者其他进攻方式终结这场对抗。

反摔

因为攻击方已经抢占先机，防守方在实施反摔技术时也是有风险的。很显然，要做好反摔，就必须理解每个摔法的原则和战术。因此，伊米和吉顿大师强调一定要学习核心摔法的进攻和防守。

髋部滑动应对投技

这个技术的关键是在确定攻击方有做投技意图的同时破坏与攻击方的髋关节接触。

察觉或判断出攻击方要进行投技时，将髋关节移动到其想要摔投的一侧。

然后击打攻击方头部或其他部位，包括击打喉咙。

使用谷落应对投技

谷落这种防守方式是指当防守方发现攻击方有做髋关节或者肩关节的投技意图时立刻降低重心。该技术的关键点在于发现攻击方投技的意图时迅速移动到其一侧破坏髋关节的接触，并下移重心以控制攻击方腰部。

立刻移动到一侧，防守方将自己的髋关节移动到攻击方髋关节的下方，并且打开攻击方的对侧腿（攻击方试图摔投的一侧），准备旋转后将攻击方摔到地面。

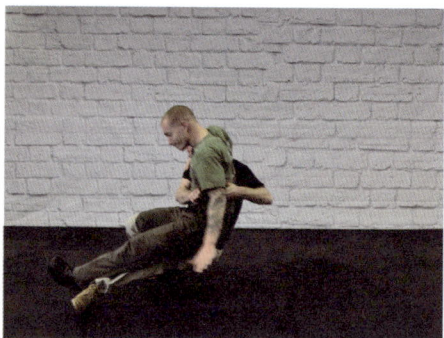

就位后迅速向自己张开腿的一侧旋转（转向攻击方），将攻击方的肩部或头部砸到地面上，把重心压到攻击方身上。

继续移动直至骑乘位。

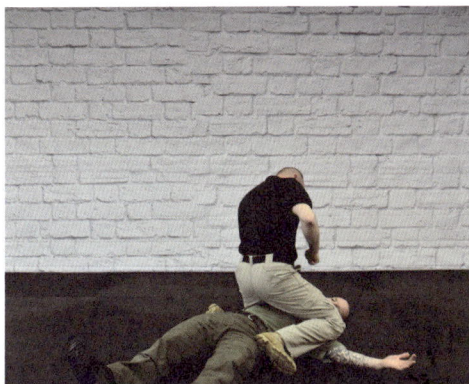

控制对方手臂并继续进攻。

利用前踢防御直拳

在攻击方进行直拳攻击的同时，在踢法距离内踢击其裆部。

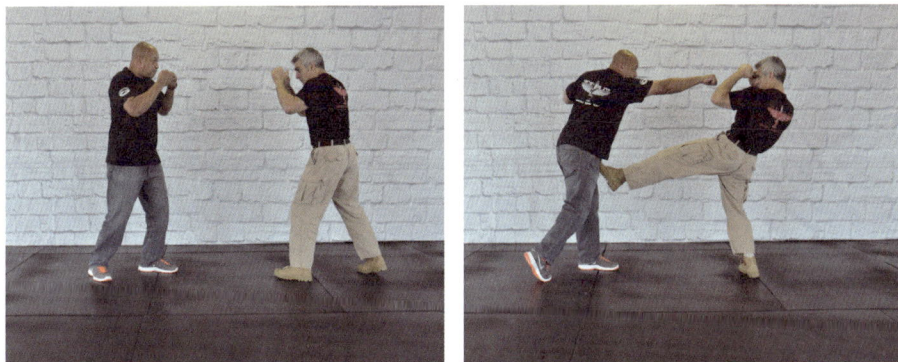

前腿前踢攻击方裆部或膝关节，手不要下落。注意：如果距离够远，也可以后腿前踢。

踢法防御

前踢的胫骨内侧变向防御

胫骨内侧变向防御是应对攻击方前腿或者后腿前踢的本能性防御。

左架站姿，利用前腿去改变攻击方前踢的方向，手不要下落。防守方的前腿需要滑挡至身体另外一侧维持平衡，但是不要失去控制，否则会处于非常被动的处境。

完成踢法防御后，利用惯性向前进行直拳反击。

然后进行后手直拳进攻。

利用近侧脚踢击攻击方裆部。

前踢的截停防御

这个防御技术需要提前判断出攻击方的前踢动作，利用前腿阻止攻击方的踢法进攻。

左架站姿，抬起前腿，脚面平行于地面翻转，利用脚底在攻击方完成踢法之前截停攻击方，挡住其踢击。

前脚落地后，后腿立即进行弧线反击。

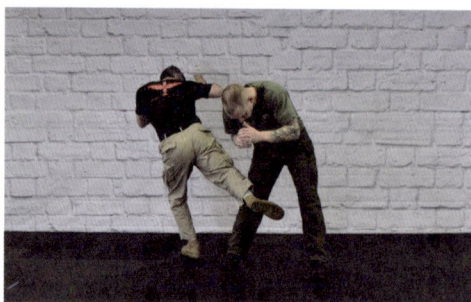

利用后腿胫骨扫踢攻击方。

侧踢的回防及反击

最好的攻击组合之一就是进行低位侧踢，这很难防御。马伽术中经常会使用侧踢攻击攻击方，当然，攻击方也会使用同样的攻击技术。防守方可看准时机，抬起前腿避免攻击方踢到自己的胫骨，然后反击。一个好的反击是利用侧踢进行反击，因为脚已经抬起来了，这时非常适合攻击，这也是这个防御方式的本质所在。

左架站姿，最好的防御就是抬起被攻击的腿并且后退。

然后用抬起的前腿反击攻击方，踢击攻击方膝盖，避免攻击方接触到自己的支撑腿。

肘击攻击方头部。

应对扫踢的前踢防御

直线踢法防御技术的原理是两点之间线段最短。攻击方为了完成踢法需要翻转髋关节，所以这个防御是利用前踢防御攻击方低位（或其他位置）的后腿扫踢。防守方可以选择踢击攻击方裆部、大腿内侧或膝关节。这个防御对前腿踢击的时机有非常高的要求。

在攻击方开始进行弧线扫踢的时候，防守方可利用前踢攻击其裆部、髋关节、大腿或膝盖，随后进行连续进攻。注意：如果时间允许，利用拳法反击攻击方的鼻子、下颌或喉咙也是可以的。记住，腿一般比手臂伸得更远。

第三章

搂抱、掐脖和摔法防御，地面生存

近身格斗有许多类型，最好根据距离来进行分类。在长距离与中距离中，格斗双方都可以自由移动，其中包括长距离踢击、中距离拳法或其他上肢攻击方式。在短距离格斗中，双方可以使用膝击、肘击、头槌，甚至撕咬。

一系列的站立攻击组合包含了中距离和近距离的击打方式，如缠抱、搂抱、投技、摔法和站立反关节等。

双方搂抱在一起时，或都失去平衡或一方主动将另一方摔倒，最终都是摔倒在地。这里包括中距离和近距离的击打，以及关节技或者绞技。

地面移动与站立移动不同，熟悉地面移动的一方会在位置上占据绝对的控制优势，让另一方失去防守能力，无法逃离。马伽术的地面技术理念是"站立时怎么打，倒地之后就怎么打"，这也包含了特定的地面对抗方式，包括武装人员副武器的使用方法。记住，在马伽术中，在格斗双方面对面时也会使用站立格斗中的一些进攻方式，如攻击眼睛、喉咙、裆部、反关节等。

马伽术防御中最重要的就是与攻击方展开对抗时的肢体变向、身体防御以及同步反击。马伽术强调在攻击方开始攻击的一刹那阻止攻击方的攻击行为，将"缩短双方距离"看作一种冲击型攻击。

冲击的对立面就是后撤逃离或制造一个距离，直到有机会再次拉近距离。如前文所述，马伽术中的反击通常是攻击攻击方的薄弱部位，包括眼睛、喉咙、裆部和膝盖，反击这些部位需要考虑攻击方会出现的生理反应，例如，膝击或踢击攻击方裆部会造成攻击方身体前倾，用拇指戳攻击方眼睛会导致其头部后仰，进而暴露出裆部。

长距离低位直拳攻击或中距离上半身攻击并不会解除攻击方对防守方的威胁，或让攻击方陷入困境，而攻击方可以通过缩短距离抓住防守方，使对抗转为"内围"格斗，这时防守方应采取短距离攻击方式，包括肘击、膝击、上勾拳、搂抱及缠抱。打击技术以及突然的进攻与搂抱应该和其他站立控制技术联合使用，并且只有拉开距离后才可以使用打击技术。

防御抓握、缠抱以及摔法是不可或缺的技术，如果上肢及下肢击打的时机不合适或者攻击方防御成功，那防守方很可能会处于非常不利的位置，最终被攻击方缠抱或者摔倒。有效的上肢和下肢攻击组合可以降低风险，但风险依然存在，尤其是面对一个精通地面格斗的攻击方。

搂抱是在双方站立的情况下控制攻击方身体的方法，在双方站立位置很靠近时搂抱，可以进行有力的击打。这种搂抱在马伽术防御中被称为熊抱。

本章将会介绍很多内围格斗技术和防御方式。这些技术和方式有着相同的原则：通过攻击攻击方的薄弱部位、合理利用攻击方的惯性进行有效反击。当攻击方离防守方很近时，他可以选择对生命构成威胁的绞技、投技、打击技术、颈部压制技术以及其他抓握技术，包括抓头发、锁头、熊抱等，这些都会让防守方身处危险的境地。

搂抱中的技击与长距离技击不同。缠抱中可以用身体控制攻击方，尤其是当攻击方因没有腿部支撑而倒地的情况，因此身体接触的情况决定了防守方的攻击策略，出于战术考虑，防守方需要有应对多种情况的策略。

在内围格斗中，一方或双方失去平衡的情况很常见，让攻击方失去平衡是很重要的，可以通过组合进攻，包括打击、投技或者关节技让攻击方失去平衡。当攻击方处于失衡状态时，他的注意力不在保护自己而是在维持自身平衡，此时进行连续进攻，可将攻击方引向对其自身不利的方向。

距离的限制让防守方难以利用所有的组合攻击方式，但是通过一部分组合进攻技术，可以完成连续的对抗防御与进攻。

在缠抱姿态下，防守方可以控制攻击方的头部和躯干，让攻击方很难进行防守与反击，同时防守方还有其他攻击选择，比如肘击、上勾拳、平勾拳、针对腹部与裆部的膝击（尤其是连续膝击以及弧线膝击）、关节技、绞技、摔法以及投技。防守方可以通过用拇指摁压攻击方眼睛来控制其头部。值得注意的是，防守方在用双手控制攻击方的时候，攻击方可以用武器攻击。

缠抱有 3 个优点：限制攻击方的击打能力，防守方处于有利位置时可以进行近距离攻击，防止攻击方使用摔法。

关于第 3 个优点值得关注的，是缠抱既可以防止攻击方使用摔法，也允许防守方将攻击方摔倒。

重点是头部的控制和后侧缠抱，这样可以很好地控制攻击方。缠抱有很多技击和摔法可以让防守方在地面格斗中占据优势。

头部缠抱（箍颈）

这是一个对防守方非常有利的控制方法：通过紧扣攻击方头盖骨顶部控制攻击方，可以进行膝击、肘击以及对颈部进行扭转移动，还可以用拇指戳攻击方眼睛。在缠斗时，防守方要尽可能抢到内侧手的位置。内侧手的位置意味着防守方的手臂需要在攻击方手臂的内侧，并且可以挤压攻击方头部。如果防守方控制了攻击方的头，也就控制了其身体。不要抓攻击方的颈部，因为攻击方可以对抗这种力量。不要交叉手指，因为手指可能会在缠斗过程中发生骨折，而且攻击方会很容易控制防守方的手。另外，头部缠抱（箍颈）动作可以很好地转换并应用到格斗情境中。

防守方将一只手放在攻击方的脑后，并用另外一只手压在上面，肘关节夹紧，不要控制攻击方的颈部。让攻击方的头部始终低于自己的头部，将攻击方的头部按压到自己的胸前方并且让其处于失衡状态。

另外，不要让攻击方的头部远离自己的胸口。应对这种缠抱的方式是攻击裆部或眼睛。所以，攻击方也有可能做出这样的攻击，这是这个技术的缺点之一。

缠抱防御

缠抱会让人处于一个非常容易被膝击、肘击，或者颈部被控制的位置。一个简单的防御方法就是防守方让其中一只手臂的一个肘关节贴近身体，防御攻击方的膝击，另外一只手攻击攻击方的眼睛。

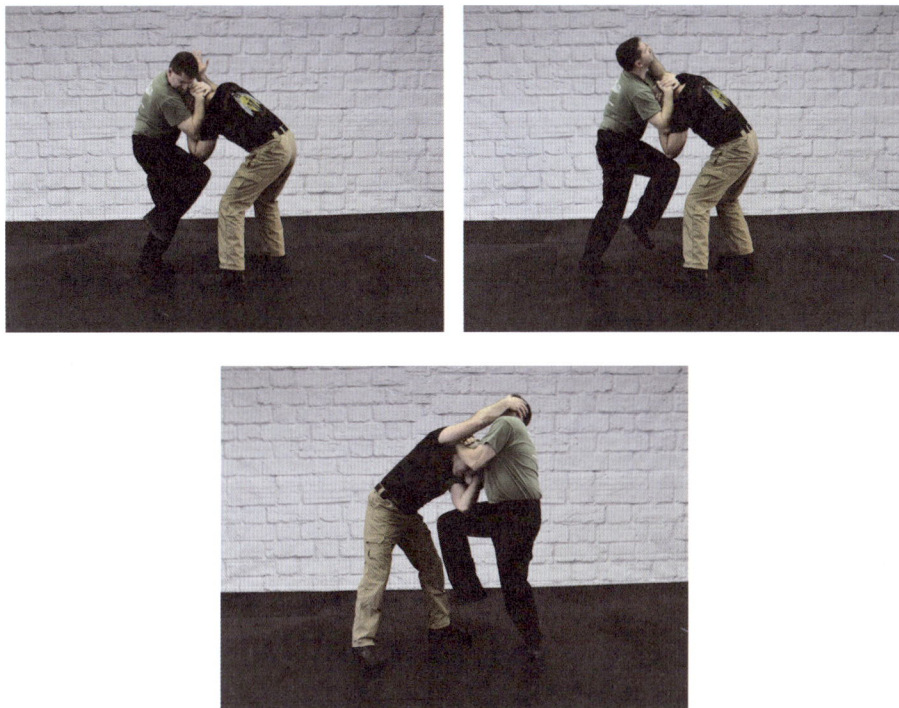

肘关节朝下，利用肘尖防守膝击，即使攻击方故意压低头部，防守方也可以在防守的同时攻击攻击方的眼睛。另外一个防御方法就是突然向下拉攻击方手臂，同时保证肘尖朝下，以防御攻击方的膝击。

防抱摔

防守方必须防御攻击方变换高度的攻击方式。

攻击方通过分散防守方的注意力（通常是击打上半身）进行摔法，不管转移注意力的攻击是否有效，他都会降低重心控制防守方的双腿。

注意：以下防御技术是针对防守方没有时间和机会直接使用前踢、膝击以及侧向移动来攻击攻击方头部的情况。

内侧伸展下压

防御抱摔或者抱腿摔时，如果时间和距离不允许防守方进行击打或者侧向移动撤离，则可以利用下压身体的方法进行伸展下压，其中一只手做类似刹车的动作，防止攻击方控制防守方的双腿。

左架站姿开始，攻击方降低重心试图进行抱腿，此时防守方要降低重心，右手向下，压在攻击方斜方肌上，阻止其做动作。

防守方双腿向后蹬，前脚掌撑地，保持平衡，双腿不要打得太开，以免无法利用脚掌平稳支撑。

压到攻击方身上后，立刻膝击其头部，攻击其脊柱、眼睛，或利用南北位[1]实施绞技。

---

[1] 巴西柔术专业术语，指两个人头部朝向完全相反且一上一下，形成上位对下位的压制。——译者注

外侧伸展下压

防御抱摔或者抱腿摔时，如果时间和距离不允许防守方进行攻击，可以使用外侧伸展下压身体的方法，此时防守方的重心在脚上，可以立即站起来去踩踩攻击方的头部。

左架站姿开始，攻击方降低重心进行抱摔时，防守方稍微侧步，用右手臂挡住攻击方的右侧斜击。

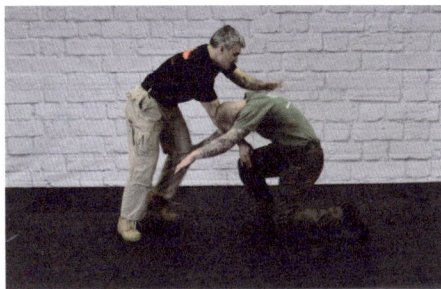

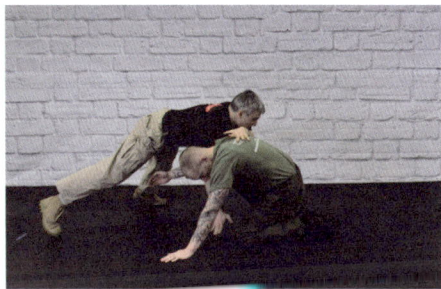

双脚向后快速打开，利用前脚掌保持平衡。

如果双方一起倒下，防守方可以立即用膝盖撞击攻击方的头部以伤害其脊柱，然后立刻站起来，用脚后跟去踩踩攻击方的颈部或头部。

站立血绞解脱

这类攻击必须立刻防御。防御的关键是用核心力量反向施压，压制住攻击方的手臂。如果攻击方用的是专业裸绞控制方法，防守方必须猛拉攻击方肘部的弯曲处，同时将他的另一只手从自己的头后移开。

防守方收紧下颌的同时，用双手抓住攻击方的前臂和肱二头肌。除了利用上半身以外，还要利用自身的核心力量下压身体，对攻击方实施的锁喉手臂进行反向施压。

对攻击方的锁喉臂保持强有力的反向施压，上右腿，跨过攻击方的右腿，向其左脚迈步（锁喉臂的同侧腿）以将其摔倒。现在防守方应立即利用自己的腿牵制住攻击方的腿，迫使其倒在自己的近侧。可以选择向后扫腿摔的方法使攻击方向后倒地。

反向施压时，一定要果断向外迈一步，同时另一条腿保持紧贴攻击方腿部，因为双方的腿一旦分开，攻击方可能就会击破防守方的防守，继续进行血绞。

必要时继续反击。

站立血绞解脱（其他变形）

再次强调，必须立刻对这类攻击进行防御，用核心力量压制住攻击方的手臂是至关重要的。当头部转向锁喉臂一侧时（上一个防御的相反方向），就可以使用这个防御技术。利用核心而不仅是防守方的上半身，降低身体重心，并抓住攻击方的肱二头肌，对攻击方的锁喉臂和另一只手进行施压。

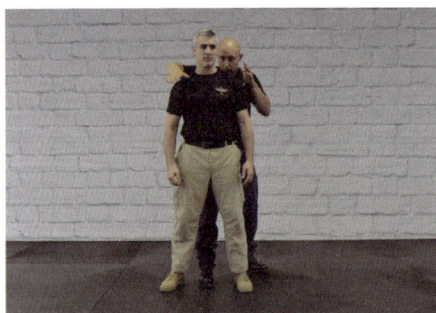

防守方收紧下颌，同时用双手抓住攻击方的一只前臂和另一只手臂的肱二头肌。

保持平稳的反向施压，继续转向攻击方的锁喉臂一侧，用力抓住他的手指，从而将他的手从另一只手臂的肱二头肌上扯下来（注意观察动作的特写镜头）。

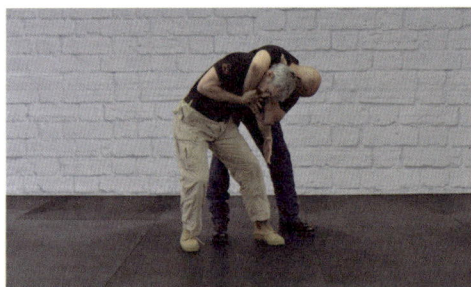

挣脱攻击方的手暂时解除锁喉带来的压力后，防守方应继续用双臂反向施压。一旦攻击方的手被移开，防守方就可以稍向一侧移动（图中为防守方的右侧）以暴露攻击方的裆部，然后用手实施攻击。

防守方反击并挣脱攻击方的束缚时，继续保持对其前臂的反向施压。注意：防守方的装备或执勤腰带可能会对后退动作造成阻碍，也可能会妨碍后面的解脱。

攻击方被迫松开锁喉控制后，防守方应与其前臂保持接触并压住，待腾出空间后，内侧腿（靠近攻击方一侧的腿）稍微后退一步。防守方解脱开锁喉动作后，始终与攻击方的锁喉臂保持接触并固定在自己身体上，然后继续压制攻击方手臂，进行强力的膝击反击，消除威胁。如果需要约束攻击方，可以在这个状态下采用6号控制约束技术进行压制。

背后绞技接背负投

防守方利用锁喉带来的压力本能地向前移动，从而通过强力投技来进行反击。防御绞技的背负投要求防守方的髋关节与攻击方的髋关节基本成一条直线。然后，防守方的髋关节应下降到低于攻击方的髋关节位置，降低重心将攻击方从后背摔出。注意：装备或执勤腰带可能会在双方的躯干之间形成空间或者松软的接触。所以防守方使用投技的时候，尽可能使对方身体紧靠自己的身体，避免人为制造任何空间。另外，此技术也可在双腿屈膝时进行。

防守方拉住攻击方的锁喉臂（图中所示为肘部），同时收紧下颌。以攻击方的锁喉臂为支点，进行背负投。

当防守方被迫向前移动时，应内侧膝盖下跪并用力扣紧攻击方的锁喉臂。然后，防守方的上半身稍微向左移动（如图所示），顺势将攻击方摔向右侧。

完成背负投之后，防守方立刻进行持续压制的攻击，如抠眼睛或踢击

头部（仅必要时）。如果双方一起摔倒，防守方一定要确保用身体压制攻击方，这样既能将攻击方重重摔在地面上，又能确保自己不会撞到地面。

如有必要，可以用踩踏头部或其他攻击行为完成防御。

应对攻击方跳跃拿背的投技防御

与之前的技术相似，防守方利用锁喉带来的压力本能地向前移动，再使用强有力的投技进行反击。这是一种利用髋关节移动来对抗背后绞技的防御方式，它要求防守方的髋关节与攻击方的髋关节保持贴近或稍微错开，利用攻击方向前的冲击力来对抗他。

如果攻击方从身后跳跃拿背并进行锁头或绞技，防守方应猛拉其手臂，同时收紧下颌来进行防御。以攻击方的锁喉臂为支点，对其使用投技。如果攻击方试图用左腿勾住防守方，那么防守方通过用左手掰攻击方的左脚或左脚跟来阻止这个意图，同时用右手继续将其摔出，保护自己。

身体随着投技产生的惯性向前移动，同时锁死攻击方手臂，当身体向外侧倾斜时，记得双腿要稍稍弯曲。

防守方一旦完成了投技动作，应立刻进行持续压制的攻击。如果双方一起倒地，防守方应确保利用身体重量压制攻击方，这样既能让攻击方更重地摔到地面，又能确保自己不会撞到地面。

向后拉的站立裸绞防御

这是一个极难防御的攻击动作，因为攻击方制造了身体距离，并且向后拉拽，破坏了防守方的重心。防御的关键是用上半身反向施压（如前所述）。要防御这种攻击，必须将远侧腿（远离攻击方实施绞技手臂的那一侧，图中为左侧）向上抬起产生摔投攻击方的惯性。

当攻击方逐渐用力向后拉时，防守方要收紧下颌，抓住攻击方施绞技的手臂，用核心力量来抵抗绞技的压力。

当防守方抵抗住绞技带来的压力时，要将左侧（远侧）腿伸直向上抬并向后扫，完成单膝或双膝着地姿势。抬腿这个动作对于此防御来说至关重要，因为需要利用惯性旋转发力将攻击方从背上摔投出去。

每个人核心力量不同，有可能的话用脚掌而不是膝盖撑地，将所有重量都压在攻击方身上。

带离控制约束

马伽术有 8 种不同的带离控制约束技术，目标是押送囚犯或控制正在对抗的嫌疑人。任何一个经历过在进行控制或约束时遭遇（被控制者）激烈反抗的人都知道，最低限度地使用武力控制有多困难。因此，马伽术主张使用一种"软技术"，或对目标的绿区进行一系列攻击，因为攻击这些区域不会导致攻击方有长期的生理伤残或死亡。

当攻击方抗拒时，控制约束实现了从一种控制策略到另一种控制策略的切换，这种切换是持续压制的攻击的一种形式。一名或两名负责带离控制的警员、特工或安全人员可以运用这个技术。我们对马伽术中的多人能够快速且有效地制服攻击方并且过程中不需要对其脊柱、颈底或喉咙施加压力的技术特点特别关注。2 号、3 号、4 号、6 号和7 号是通常会被选择的带离控制约束技术。本书对 1 号和 5 号带离控制约束技术不做介绍，因为它们在某种程度上对身高有所要求，并非适合所有练习者。

对于这些控制约束技术，在马伽术中也有应对的方式。本书没有对这部分内容进行描述，而是做了保留，进行现场教学。学习控制约束的解脱方法能够让执法人员等更有效地运用带离控制约束技术。

站立带离控制约束技术 6 号和 7 号也可以迅速有效地将有敌意的第三方扑倒于地面并加以控制和束缚，从而争取增援时间或缓和局势。这些压制约束的方法曾在《马伽术武器防御》（*Krav Maga Weapon Defenses*) 的第一章中介绍过。

---

2 号控制约束技术

2 号控制约束技术是在站立状态下限制被控制方的移动，同时可以让控制方将其带离至其他位置。

控制方用左手抓住被控制方右手手腕进行控制。注意：也可以通过固定被控制方手背来控制其手臂。在控制住被控制方右手后，控制方右前臂（桡骨）顶入对方的肘关节，迫使被控制方手肘弯曲。

控制方强制被控制方弯曲手臂时，右臂插进其手臂和身体之间，利用躯干和身体重量将其手臂顶在其背部位置。切勿在自己躯干和被控制方手臂之间留任何空隙。一旦将被控制方手臂轻微向后移开，控制方应立即抓住其手背，并将其向后移动并运用锁腕技术。

一旦锁腕固定，控制方就可以松开被控制方手臂，并用双手抓住其手腕。

或者，也可以使用一种组合式的控制方式，即把手伸向被控制方的脸，对其人中向上施力后放手以方便押送，同时使用缓和的语言来让其配合。当然，也可以施力于眼窝代替人中。

3 号控制约束技术

3 号控制约束技术是在站立状态下限制被控制方的移动，控制方可以将被控制方带离到不同位置，也可以将其压制到地面以进行额外的约束或实施其他策略。按照设计顺序，3 号控制约束技术承接了 2 号控制约束技术。

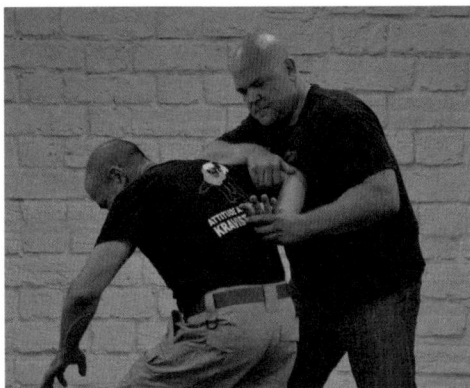

与 2 号控制约束技术相似，3 号控制约束技术要求控制方用左手臂控制被控制方右臂。用手抓住被控制方右手腕来迫使其手臂向身体靠拢。注意：也可以通过固定被控制方的手背来固定其手臂。控制方强迫被控制方弯曲手臂时，要用躯干和身体重量将其手臂顶在其背部，并用右臂和右手压住肘部上方的内侧肱三头肌。切勿让躯干和被控制方手臂之间留任何空隙。如果控制方的身体力量比对方的更强大，或是相差无几，那么一旦控制方向后推被控制方的手臂，控制方就可以掌握主动权，迫使被控制方的手臂和肩膀向上伸展，制造巨大的压力——让其俯身向前。这时，控制方可以带离对方，同时使用缓和的语言来让其配合。如果控制方觉得有必要把其压制到地面上，那么可以在其手臂和肩膀上施加更大的压力，向其 2 点钟方向或前 30° 角方向移动，这能防止其用侧滚翻脱离控制。

4 号控制约束技术

4 号控制约束技术是在站立状态下限制被控制方的移动，控制方可以将对方带离到不同位置。如果在进行 2 号和 3 号控制约束技术时，被控制方抵抗并将手臂向前伸，那么控制方就可以运用 4 号控制约束技术。

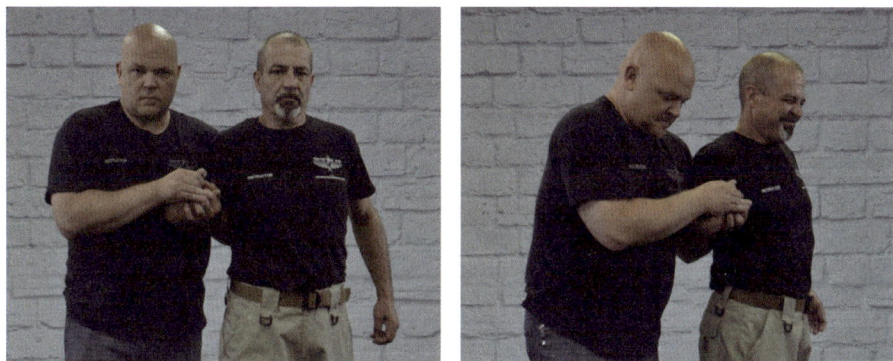

将左前臂插入被控制方肘关节时，用右手抓住其右手腕，迫使其弯曲肘关节。这时，被控制方可能会用力抵抗，通过固定其手腕，迫使其肘部和肱三头肌顶住控制方的躯干，以控制住反抗。将左臂插入对方的手臂和身体之间，切勿在躯干和被控制方手臂之间留任何空隙。一旦将被控制方的手腕锁牢，控制方的左手可以松开其手臂，并立即用双手抓住其手腕。或者，控制方也可以选择把手伸向被控制方的脸以在其人中处向上施力方便带离，同时使用缓和的语言来让被控制方配合。

6 号控制约束技术

6 号控制约束技术能够快速将被控制方摔倒，让其面部先着地，完成死区位置控制，也可以用这个技术控制其武器。这一控制方法强调在压制被控制方手腕和肩膀的同时要固定住其手臂。6 号控制约束技术也可以不使用前面的持续压制的攻击方式。运用下半身力量压制住被控制方，以便运用 6 号控制约束技术。这种控制方法的目的是限制被控制方在站立时的移动能力，同时将其带离至不同位置，或将其压制到地面以进行额外的制约或缓和局势战术。

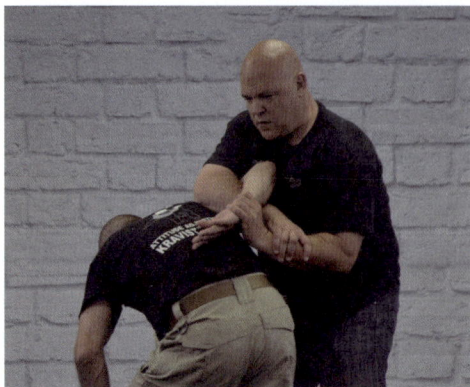

通过控制被控制方右手腕以固定其右臂。然后，控制方通常会进行针对绿区的低位攻击，如膝击被控制方、踢击大腿或小腿。然后，控制方要用左手抓住被控制方的右手腕。注意：也可以通过固定被控制方的手背来控制住其手臂。控制方要将右臂的桡骨（前臂的顶部）穿过对方肘部以迫使其弯曲手臂。随后控制方抬起手腕并向上施力，这样被控制方手臂就会呈90°角向上弯曲状态，让其手指朝向地面放下。控制方将右臂弯曲，从被控制方右臂上方穿过，越过其肩膀抓住自己的另一只手臂，这时，控制手要触及被控制方肩膀的顶部，并用力压住肩膀。记住必须压紧被控制方肩膀，以实施固定。抓住被控制方的手臂并将其环绕以抓住自己的前臂。要让被控制方的手肘和手腕靠近自己的身体，在用力压住其肩膀的同时向上扭转其肩膀。控制方要保持被控制方的躯干与自己的身体平齐，再向前朝2点钟方向或大约30°角方向移动。这能防止被控制方向前移动时因侧滚而导致6号控制约束失败。

注意：通过向上扭转手臂，特别是使用剪刀方式来实施压制，被控制方将会很难逃脱。右腿向2点钟方向迈步将被控制方旋转180°放倒。当被控制方倒下时，控制手一定要保持紧握状态。可以将右膝放在其手肘后面以进一步固定其身体或武器，同时对其肩膀施力，并将左膝放在对方颈部。然后，把武器从被控制方手中缴下，并将拇指放在武器握把的底部，使武器指向被控制方并远离自己。

7 号控制约束技术

7 号控制约束技术是在死区位置完成的迅速向后和向下的强力控制技术。如果被控制方手中有利器，也可以使用此方法。不论是否使用前述持续压制的攻击方式，都可以使用 7 号控制约束技术。通常，在使用这个技术前，控制方已经进行了强力攻击，并且控制了持械手。在控制武器的同时，可以向其肩膀和手腕上施压，将其摔倒。

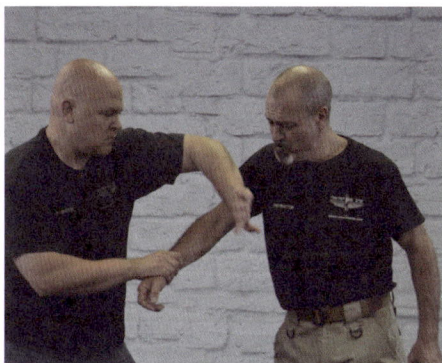

如果控制方面对或位于被控制方的一侧，用右手固定住其右手腕，垂直握住其手背的扁平部分。可以推开被控制方面部来分散注意力。弯曲被控制方手腕，同时将另一只手臂越过被控制方肩膀并跨过其前臂，使用"4"字形握法。

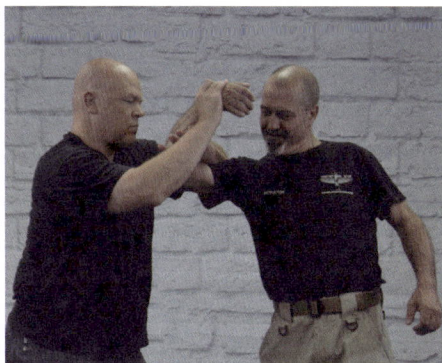

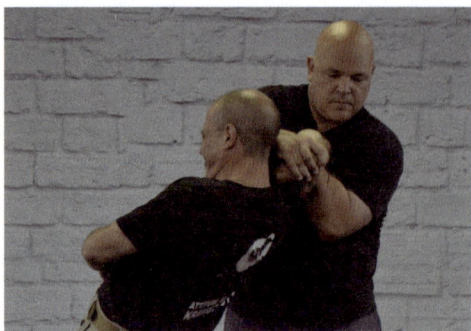

控制方贴近并绕过被控制方的手臂来握紧自己的前臂，右臂紧贴身体。在保持紧握的同时，将被控制方肘部和手腕靠近自己身体。

执法人员、安保人员等希望最大限度地控制袭击者，他们在对武装或非武装的袭击者进行控制时，会将对方摔倒后，就立刻让其做俯卧姿势，然后举起对方手臂，同时保持"4"字形握法，再转向其另外一侧。注意：不要使膝盖触地而打断整套动作。另外，确保不要和对方一起倒地，旋转时，保持对其手臂的压制，利用惯性将对方翻转到俯卧姿势。

通过保持向对方手腕和肩膀施压，迫使对方进行翻转，结合一个关节技和180°旋转的步法将其摔倒。现在是向相反的方向完成180°旋转。第二个转身将其翻转到俯卧姿势。当控制者使用这个技巧对付持械袭击者时，需要缴械武器，将拇指放在武器握把的底部，使武器指向对方并远离自己。现在控制者处于优势位置进行缴械，施加压力并控制对方移动，将其手臂稍微向后移动，控制其手部，向后进行锁腕。

地面逃脱技

从20世纪90年代初开始，在伊米的监督、指导和许可下，大师哈伊姆·吉顿开始修改马伽术课程，增加了很多地面逃脱技术。下面是一些哈伊姆致力改进的马伽术成果。

如前所述，以色列马伽术的地面生存可以概括为"像站立格斗一样在地面进行对抗"。换句话说，无论我们在站立时做什么，只要调整好你的重心并正确移动，我们都可以在地面上完成，这包括副武器的最佳使用方式。就像站立格斗没有规则一样，地面格斗同样没有规则。针对眼部、喉咙、裆部的攻击以及撕咬都是可行的。

如果可以的话，尽量不要倒地。第 2 个攻击方或多个攻击方有可能会来帮助第 1 个攻击方。显然，在地面上同多人对抗是非常困难的，因此提高近身对抗和反摔能力非常重要。

马伽术地面逃脱技整合了防御和进攻战术。本章将介绍几个常见的地面逃脱核心技术。

专业的马伽术训练会考虑到防守方因装备（如执勤腰带、防弹背心、防弹衣或战术背包）导致的移动及灵活性限制。在场馆里完成三角锁和其他复杂技术相对容易，但是如果穿着重型装备就会很难完成。因此，在学习专业的马伽术战术时，必须考虑一些实际的困难，如对穿着高刚性战斗靴的攻击方进行阿喀琉斯锁（直腿锁）。

前腿支撑 （改进的"Z" 字防守）

"刹车"技术是用一个水平膝盾框架防御进行骑乘或者过腿的攻击方。抬起一条腿，向一边翻转（也可以用在武器防御，直到可以使用利器或者副武器），利用胫骨或者膝关节让对方处于不利位置然后进行攻击（如戳眼睛、拳法及膝击等）。因为臀部到大腿处是人体最有力量的肌肉群。

和攻击方分开后，防守方前腿伸展发力踢击攻击方让其远离。在有机会的情况下，用脚后跟进行侧踢法或直线踢法踢击攻击方的头部或裆部。然后，防守方通过将下位腿向后滑动至脚掌支撑，一只手放在地上维持平衡，另外一只手抬起以进行攻击或者防守，使自己能迅速起身。

前腿支撑（"Z"字防守）过渡到手枪使用

使用副武器（这里指的是手枪）的关键是要有足够的距离，以便能够拔出手枪、获得清晰的射击线路、身体的任何部分都不位于枪口前，并在必要时扣动扳机。至关重要的是，只有在防守方处于可射击位置时才能使用枪械。也就是说，不能给攻击方任何抢夺或控制武器的机会。

在创造必要的空间时，防守方的双腿起着至关重要的作用。在地面技术中，为了将攻击方推开，首选位置是进行前腿支撑，或者用前腿和另一条腿的脚跟控制距离。

一般来说，马伽术体系不采用全防（guard）姿势（包括拳法、肘击、抓握、碰撞甚至撕咬），因为裆部比较容易受到攻击。

防守方向右侧髋关节翻转，将上位腿的胫骨和髌骨前插至攻击方下半身，同时将另外一侧腿的脚后跟顶住攻击方的髋关节或大腿位置。同样可以用上位腿来阻止进攻。

双腿（上位腿和下位腿的脚后跟）推击来制造空间，用下位腿的脚后跟踢击攻击方的面部、喉咙或腹腔神经丛。

用脚后跟踢击攻击方头部来创造使用副武器的空间。

使用虾行或侧虾行让自己远离攻击方，同时掏出手枪。立即将手枪置于两腿之间，形成稳定准确的射击平台。一定要把腿放低，远离火线。也可以让一条腿平行于地面，脚趾指向侧面（不是脚趾向上）为踢击留出距离。

前腿支撑使用十字固

前腿支撑可以过渡到十字固。记住，最重要的是选择合适的位置进行踢击，制造距离以反击攻击方。再一次强调，地面姿势是非常危险的。当然，地面防御技术是对第二章中提到的站立防御技术的一种改进。

从前腿支撑位置开始，左手滑挡改变攻击方右手拳的攻击方向，同时用右手手指攻击攻击方的眼睛（手指呈弯曲状态，避免受伤）。

按住攻击方伸展的手臂，用进攻一侧手抓住其斜方肌位置的衣服，防止攻击方的手臂缩回。

用力按住攻击方手臂，同时将左腿摆动到攻击方的面前。用力向后拉攻击方的右臂并尽可能地伸展身体，就像把左腿伸向攻击方的脸一样。

牢牢控制对方手臂，确保自己的肘关节在大腿上方，使用核心力量伸展身体控制对方的肘关节。

前腿打入，完成腿部三角锁

前腿支撑也可以过渡到三角锁。再次强调，创造空间并踢击攻击方后快速站起来是最佳方式。地面缠斗有时可以猛烈反击攻击方。

从前腿支撑位置开始，左手改变攻击方右手直拳的方向并向前滑挡，同时用右手手指攻击其眼睛（保持手指呈弯曲状态，避免受伤）。

用力按压控制攻击方手臂，同时将右腿搭到其左肩并缠绕。

用力向下按压攻击方的头和肩膀，同时左腿微微抬起，将右脚踝插入左膝的弯曲处，挤压攻击方两侧颈动脉，形成三角锁。

右腿向下挤压攻击方头部，同时左腿压紧右腿。右臂摁压攻击方头部，进一步增加压力。

插入膝盖攻击眼睛

如果防守方无法占据前腿支撑的位置，那么插入近侧膝盖的位置也是一种好的选择，这样可以防止攻击方做出骑乘姿势的同时制造空间，必要时可使用武器。

防守方通过左膝顶住攻击方上半身来与其隔开，手指抠抓其眼睛，以制造空间进行踢击，使用副武器，离开地面。

保护颈部

在对抗中保护头部、颈部和脊柱是至关重要的。在对抗时，尤其是在地面对抗时，防御针对颈部约束的能力至关重要。因为颈部或脊柱被折断会导致瘫痪或死亡。拉扯头发（手指穿过攻击方头发抓住前侧头发，握紧拳头，增加拉力向后拉）可以带动脖子扭转，暴露喉咙以进行攻击。短发或光头则可以有效避免这种攻击。

对头部和颈部的反击可以暂时或永久地让身体"停机"。颈部非常脆弱，因为位于颈部的气管、动脉和神经可维持大脑正常的功能。击打、投技或锁技等会损伤颈动脉和椎骨，如果脊髓神经被切断，可能会造成致命的后果。所以，在防御模式中，必须非常小心地通过正确的技术和身体移动来保护这些重要部位。窒息可以快速终结对抗，所以不能让任何人用手、胳膊或腿缠住自己的颈部。

迫使头部向前、向后或向一侧移动的技术可能会对颈部，特别是对颈椎造成严重伤害。绞技的关键是手和手臂形成杠杆挤压攻击方喉咙，让攻击方无法抵抗。

幅度越小、越细微的动作，越容易穿过攻击方的脖子。腕部边缘和前臂桡骨边缘很容易对喉咙和颈部施加压力。

骑乘位防守

如果攻击方已经成功置于骑乘位，那么攻击方在压制防守方的同时可以进行连续的进攻。攻击方可以利用重力，而防守方却会被重力牵绊。与大多数的马伽术防御技术类似，此时防守方需要攻击攻击方身体的薄弱部位——裆部，即攻击其裆部的同时将其翻转。

第 1 种选择是肘击攻击方裆部。

第 2 种选择是捶击攻击方裆部，同时另一侧手向上保护头部。第 3 种选择是在一只手保护头部的情况下，另外一只手使用下位直拳。

防守方攻击裆部时，通过起桥把攻击方推到攻击手的另外一侧，即防守方右臂偏转约 45° 角将攻击方推到自己左侧（攻击方的右侧）。

防守方利用上半身和臀部起桥翻转，将攻击方翻转到一侧，然后继续反击，包括攻击其眼部或裆部，随后立即起身。

保护喉咙和颈部

保护喉咙和颈部很重要。收起下颌、耸肩是遭遇颈部攻击时的基本防御方式。然而，这些只是初步措施，防守方必须立即转换位置。

攻击方向后拉防守方头发或向防守方人中、眼睛及其他攻击点施加压力，就可以轻松破解防守方的防御。

死区和位置控制策略

　　一旦开始对抗，防守方就需要立即占据优势位置。在任何类型的对抗中防守方都不要背对着攻击方，尤其是面部朝下这种非常糟糕的姿势，这个姿势使防守方的后脑和颈部完全暴露在攻击范围之中。如果攻击方从背后控制防守方，或者用腿勾住防守方躯干进行"拿背"，或者三角锁控制防守方，防守方一条腿折叠在膝盖下形成一个"4"字，就像在站立对抗中利用死区一样，在地面战斗中还可以使用侧压或后骑乘位。马伽术中有4种地面位置：后骑乘、袈裟固、胸部朝下的侧压以及控制对方手臂的高位骑乘。在这些地面位置可以轻松地进行反击组合、关节技、绞技。

在没有连续反击的情况下，马伽术很少依赖关节技和绞技。利用反击让对方放松警惕。对方在防守进攻的时候，会把自己暴露在容易受关节技或绞技攻击的位置。许多人在对抗中严重依赖手部攻击，用脚进行移动。记住，在地面对抗中，利用腿来获得优势位置非常重要。使用关节技时，防守方的髋关节靠近对方的目标关节是很重要的。位置控制至关重要，位置转换及攻击需要成为第二本能。

骑乘位和全防

骑乘位（攻击方仰卧位，防守方腿分开坐在对方身上和高位全防（防守方仰卧位，攻击方在防守方两腿之间，双脚搭扣）是公认的优势位置。八角笼中的格斗已经证明这点。然而在街头格斗中有一点需要注意，如果攻击方保持适当的位置，他可以攻击防守方的眼睛、喉咙和裆部。

注意：无论身处何种情境，最好的防御或脱身方法是避免让自己处于弱势位置。如前所述，绞技和关节技可以终结对抗。虽然可以很有效地利用它们，但记住对方也可以使用这些技术，关键是保护下颌和四肢。这种先发制人的位置优势怎么强调都不过分。

裸绞的防御（未搭扣）

在地面格斗中，如果攻击方位于防守方后背，防守方将面临极大的危险，因为攻击方占据了进行绞技的有利位置。攻击方也可以攻击防守方的眼睛和捶打其头部。攻击方会用腿夹住防守方，防止其逃跑，并通过向相反的方向伸展上半身和腿部来加强控制或进行绞技。攻击方还可能用脚跟踢击防守方裆部（双方都可能这样攻击对方）。

因此，背对要实施裸绞的攻击方是最糟糕的位置之一。当然，这也不是完全无法防御。防守方必须在攻击方试图穿越自己的下颌、用腿缠住自己之前立即进行防御。撕咬攻击方前臂是一个有效的选择，有助于脱身。

　　目标是滚到攻击方肘部弯曲的一侧破坏其控制。防守方要将身体移向攻击方进行绞技的手臂肘关节一侧，制造空间与攻击方分开，防守绞技。注意：翻转时必须用力，目标是转身后面对攻击方并进行反击，如攻击眼睛、膝击和其他组合进攻。向后转身可以摆脱控制，不要用手去推攻击方的腿，因为这会暴露颈部。

防守方抬高右腿以防被攻击方用腿勾住，同时保持肘关节在身体两侧以防攻击方的腿缠绕躯干。

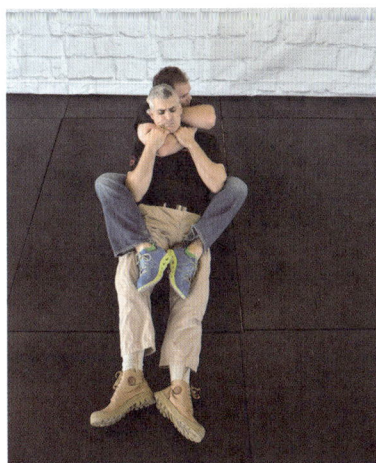

第 1 种选择是收起下颌，在对方完全发力之前用双臂往下拉对方进行

绞技的手臂。如果攻击方右臂进行颈部缠绕，必须向下拉其右臂肘关节形成的"V"字位置。第2种选择是用右手向下拉攻击方右臂手腕，用左手将攻击方左手从自己后脑移开。通过起桥向后蹬腿，将整个身体重量压在攻击方身上。完成身体重心移动后，攻击方的腿一旦放下来，防守方就必须伸直双腿，同时保持核心力量对抗绞技，用后背挤压攻击方让其没有空间继续施压进行绞技。

在对抗绞技时，左腿向上滑动绕过攻击方的腿钩，然后右腿滑动越过攻击方的另一只腿。

一旦髋关节挣脱出来，用躯干顶住攻击方，前脚掌撑地再次起桥。调

整髋关节至垂直于攻击方躯干位置，然后开始破坏绞技。攻击攻击方裆部以腾出空间，在翻转的同时将攻击方控制在地面上。

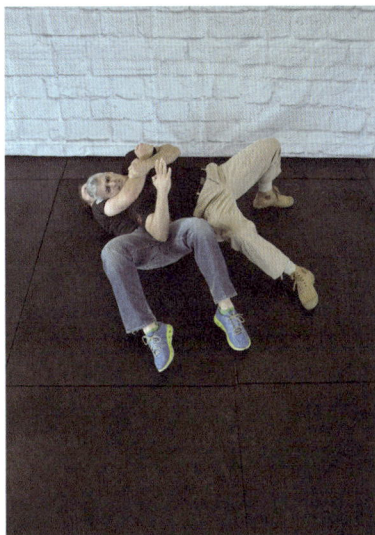

利用身体重量、通过起桥将身体旋转约 90°（旋至攻击方使用绞技肘的另一侧）创造空间。然后，破坏攻击方绞技，肘击攻击方裆部。

一旦创造空间、摆脱攻击方的控制，就用力翻转面向攻击方，这时可以进行反击，如戳眼睛、膝击和其他组合进攻。

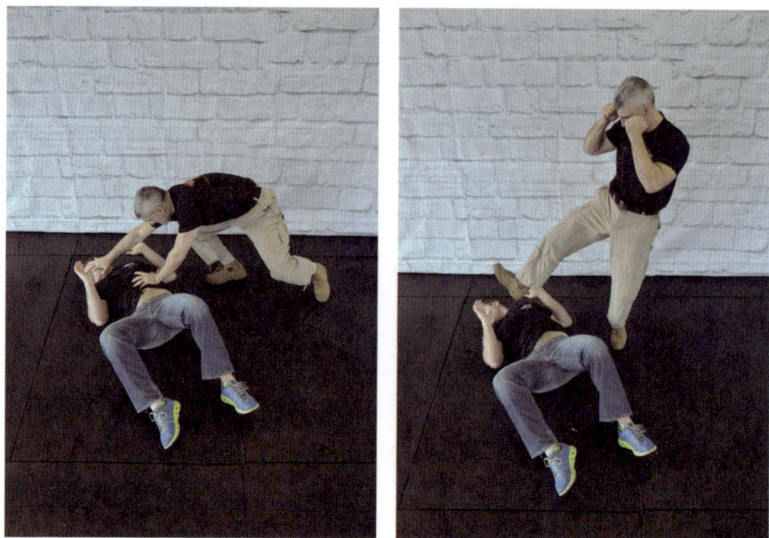

继续压制攻击方的头部和身体的同时起身，并在必要时进行踩踏或其他踢击。

注意：如果攻击方完成了腿钩，防守方的第 3 个选择是收紧下颌，用双手将攻击方的左手从脑后移开，在肩膀处形成直臂锁，用一个十字固进行反击。在进行反攻之前要确保已经做了充分防御。将髋关节移出会增加攻击方手臂的压力，一定要让攻击方拇指朝上（必须快速完成这个动作，此时双手被同时占用，这样很危险）。

腿部"4"字锁控制的裸绞解脱

和其他绞技类似，这种裸绞也是极其危险的。当然，最好的防御方法就是不要让自己面临这种危险状况。与背后裸绞一样，防守方的腿不要被攻击方缠住，特别是当攻击方试图在防守方身前完成腿部的"4"字搭扣时。如果攻击方的腿比较长且有力量，他可以完成这种"4"字搭扣阻碍防守方的移动，进而勒断防守方的肋骨。

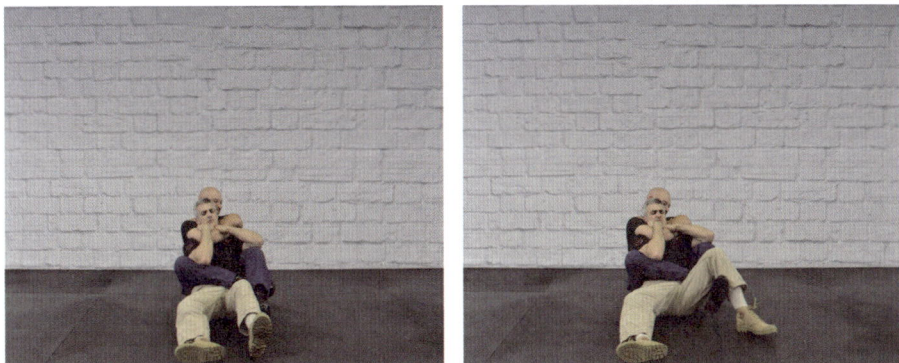

为了防御这种类型的绞技，防守方可以使用与之前相同的防御技术，即下颌收紧并下拉攻击方呈"V"字的肘部。防守方必须用左腿缠绕攻击方位于前部的小腿，进行脚踝锁。

防守方左腿一旦勾住攻击方，立刻伸展身体对其踝关节施加压力。一定对裸绞手保持下拉的压力，直到攻击方的腿部松开或者裸绞失败。然后，继续攻击攻击方直至解脱（破坏腿钩）。

面部朝下后骑乘的裸绞解脱

这是一个极其危险的位置，如果可能的话，要提前采取防御措施避免面临这种情况。对于专业的攻击方来说，一旦拿到了这个位置就不会放手。所以，关键是要避免和防备这个非常危险的绞技。但是，如果攻击方已经拿到背部并试图进行裸绞，而防守方已经面部朝下，那么防守方必须立即收起下颌，同时下拉攻击方的手腕和其肘关节附近的前臂。

目标是进行翻转并最终面向攻击方进行反击（如戳眼睛、膝击和其他组合进攻）。翻转身体会让对方更难控制。防守方一旦创造了足够的空间并可以呼吸，就应立刻攻击攻击方的裆部和眼睛，然后持续进攻。

试图脱身时，要持续下拉攻击方裸绞手以对抗裸绞并把膝盖立起来。

防守方的膝盖如果膝盖可以立起来，要顶着攻击方向前挤压，双腿完成剪刀变换。也就是说，如果攻击方用右手进行裸绞，防守方需要把右脚向后移动。类似于背后裸绞技术，这个剪刀变换可以破坏攻击方的控制，从而继续翻转面向攻击方。

转到攻击方的右侧（此时攻击方试图用右臂施展绞技，左臂做搭扣动

作），腹部向下挤压，戳击攻击方眼睛的同时破坏其控制。然后，将身体移到绞技肘的另一侧，创造空间。

继续向攻击方的右手方向转动，创造空间和摆脱绞技。

站起来踢击攻击方，必要时继续进攻。

封闭防守下的防御

如果防守方可以保持姿势、攻击方的裆部是暴露的，那么防守方可以直接击打攻击方裆部。

防守方用直拳、肘击或捶击击打攻击方裆部，也可以控制攻击方的一只或两只手臂，同时进行攻击。

攻击方将防守方拉入封闭防守的防御

如果攻击方成功破势，并且控制住防守方头部，此时防守方应用拇指戳击攻击方眼睛，然后连续进攻以摆脱控制。

立即将一根或两根拇指戳入攻击方眼窝。

伸直双臂，用拇指找到攻击方的颧骨，向上移动就能找到眼球。用拇指摁压攻击方的眼球，以破坏其攻击。在适当的时候继续反击攻击方身体的薄弱点。

高位封闭式防御的颈部扭转

在封闭式防守中扭转攻击方的颈部，特别是当防守方的腿部控制非常紧的情况，会给攻击方带来严重伤害（注意：这个技术在站立箍颈时也可以使用）。防守方仰卧朝上，把攻击方拉向自己，让他处在自己的两腿之间。

防守方一只手从攻击方头部后面控制其头部并拉向自己的胸部，迫使攻击方下颌侧移，同时另一只手伸向他的前额或近侧眼窝。双脚搭扣向下拉攻击方躯干，用力将攻击方脖子扭向另外一侧。

在马伽术中，防守方在对抗时有可能会出现背部倒地的情况，所以防守方必须有能力进行各种对抗，特别是组合攻击和绞技。完成双脚搭扣并迅速将攻击方躯干拉向自己可以保护裆部。封闭式防守姿势下提供了使用固定在腿上的武器的机会。

防守方的动作必须迅速，因为裆部可能会受到攻击，通过立即迫使攻击方腿部靠近躯干，同时把自己的头部埋在肩膀或肱二头肌位置来保护眼睛，必要时使用武器。

后背骑乘位置的进攻

若别无选择只能倒地时，那拿背（胸部贴着攻击方背部，双腿勾住攻击方）是最好的位置。做这个动作的前提是没有被多个攻击方包夹。

在这个位置可以进行一系列的击打技术和绞技，包括肘击和前臂击打颈部后侧、攻击眼睛、脚跟踢击攻击方裆部或腹部。记住，如果攻击方拿到防守方的背部，也会使用这些攻击性的技术来对付防守方。

背后裸绞与脚后跟踢击

在进行裸绞的同时，用脚后跟踢击对方裆部。

背后绞技与攻击眼睛

如果攻击方对抗绞技，那防守方要用没有进行绞技的手戳攻击方眼睛，使其暴露出颈部，再进行裸绞。

为了使攻击方暴露颈部以进行裸绞，防守方可以用手指戳攻击方眼睛并向后拉。后拉时，对攻击方眼窝施加的巨大压力将迫使攻击方抬头。

裸绞与抓人中（无演示图）

为了使攻击方暴露颈部以进行绞技，可以用食指抓攻击方人中，迫使攻击方向后仰头。后拉时，在人中下方施加压力迫使攻击方抬起头。注意：必须快速准确地使用这个技术，以免被攻击方咬伤。

双峰贯耳与肘击

高效的进攻方法包括用掌根击打耳朵，或用肘部击打颅底或后脑。

用掌根击打耳朵。

肘击后脑。

应对攻击方防御裸绞的技术（无演示图）

如果攻击方向下拉锁喉的手臂试图进行防御，防守方可以用另一只手来进行绞技。注意：也可以抓住自己的衣服加强控制，同时另一只手臂放在攻击方下颌进行绞技。

骑乘位进攻（无演示图）

防守方拿到骑乘位时，不要坐在攻击方身上。把身体重心放在攻击方胸部，保持平衡并控制攻击方手臂。身体前倾保护裆部，脚后跟勾到攻击方的侧面时，必须利用膝盖保持平衡。另外，膝盖应紧贴攻击方身体，尽量靠近攻击方的腋窝，限制攻击方的攻击和躲避能力。（在骑乘位防御时，肘关节向内防止攻击方骑到胸口。）

骑乘位同时保护裆部

防守方让自己处在攻击和控制的最佳位置，同时通过抓住攻击方的衣服来保护腹股沟。

将前臂放在腹股沟前方提供防护，同时可以用自由手进行攻击。用弱势手控制住攻击方的衣服，形成部分防御，以防裆部被攻击；用强势手进行掌击、肘击、前臂攻击。

另一个不错的选择是控制攻击方手臂。该方式具备 2 个战术优势：一是在不被攻击方攻击的情况下可以反击攻击方头部和喉咙，或是使用十字固、绞技；二是可以防止攻击方攻击裆部。即使无法控制攻击方手臂，仍然可以破坏攻击方的防守，反击其头部和喉咙。骑乘位很灵活且能利用重力优势。让攻击方背部紧贴地面，可以极大地限制其逃跑。

为了方便对抗，也可以将一边膝盖压在攻击方手臂上，同时限制其另一只手臂的动作。这样就可以根据攻击方的自由手动作采用不同的十字固方法。例如，可以从控制位转换成十字固并攻击攻击方喉咙。在这个位置可以用膝盖压住攻击方的一只手臂，翻转过来完成远侧十字固。

以下3点将有助于防守方保持骑乘位，以便使用冷兵器或热兵器。

①为了保持骑乘位，必须保持平衡，对抗攻击方的转身或推击，从而使用冷兵器或热兵器。最常见的防御方式之一是用臀部起桥翻转。注意：这也是马伽术应对不规范骑乘位的防御方法。

②如果攻击方试图翻转到俯卧位，则可以稍微松开双腿让攻击方活动，同时使用武器。如果腿夹得太紧，攻击方则会把防守方直接翻过来。

③如果攻击方试图通过下位进行"熊抱"来缩短距离，防守方可以戳攻击方眼睛（和站立防守时一样），或者使用前臂或手的掌根绕过下颌抵住攻击方面部或者喉咙并且下压。如果攻击方试图抓防守方颈部，防守方也可以使用同样的方式。防守方要将手臂作为支架抵住攻击方喉咙和下颌。

控制攻击方的手臂以使用武器

防守方控制攻击方手臂会使攻击方丧失防御和反击能力，尤其可以保护自己的裆部。可以运用这个有利的位置进行进攻，并随时使用武器。用前臂内侧将攻击方的手臂牢牢锁定在自己身体上，从而控制攻击方手臂（两只手都可以用这种方式控制）。

第四章

利用钝型武器进行防御

钝型武器可以从任何角度和方向进攻，对于手无寸铁的防守方来说，防御钝型武器的 3 个基本选择如下。

①拉近和攻击方之间的距离，同时改变攻击方向。

②放弃防御，直到发现拉近距离的时机。

③立即撤退。

对于投掷类武器，需要进行身体防御以避开攻击。如果防守方配备了钝型武器，可在转移攻击方向的同时拉近与攻击方之间的距离，然后立即进行反击。

对于有安全意识、法律不允许携带枪支的民众，或者那些有安全意识、但在特定情况下可能会选择较小武器的人来说，加长手电筒是不错的钝型武器。我比较喜欢镁光（MagLite）型号加长手电筒，并将其随身携带在车内。当然，手电筒也可以发挥手电筒该有的作用。

钝型武器防御对上半身和下半身的攻击

钝型武器防御直拳

钝型武器可有效应对对上半身和下半身的攻击。当攻击方试图直拳进攻时，防守方如果有一把较长的钝型武器，就可以将钝型武器和身体防御相结合：侧身上步移动到攻击方的死区避开直拳，同时攻击其手臂和前腿的绿区目标。

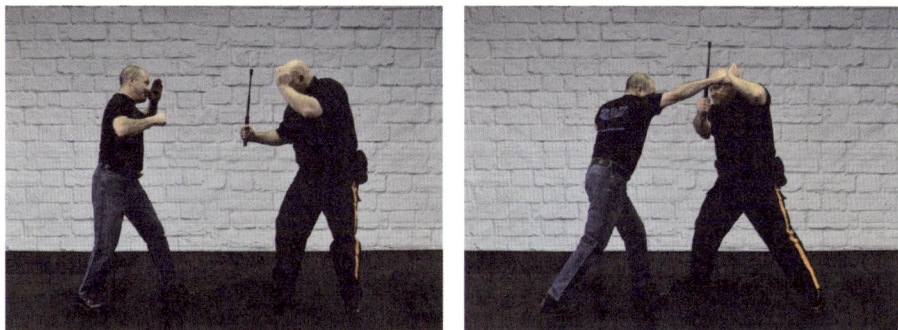

从戒备姿势开始，右腿和右手在前，向前移动躲闪，同时击打攻击方

手臂，避开进攻路线。另一只手和手臂保持处于防守位置，这是一种成角度的肘关节格挡防守。这样防守方可以在攻击方试图用另一只手臂进攻时做出反应。

击打攻击方的出拳手臂后，改变进攻方向，反手击打其近侧腿。

继续向攻击方的死区移动，必要时针对绿区继续击打。

击打对方的腿后部（前提是在武力允许使用范围内）。

防守方也可以合理利用时机和钝型武器的长度，直接刺向攻击方的身体薄弱部位。

钝型武器防御平勾拳

在反架站姿下，这种防御方式与防御直拳的技术几乎相同。注意：这是马伽术的特点，即用一种技术应对不同类型的攻击方式。同样，如果钝型武器比较长，而攻击方比较鲁莽地进行直拳进攻，可将钝型武器和身体防御相结合，避开直拳，移动到攻击方死区，攻击攻击方出拳一侧手臂的绿区。如有必要，可以攻击攻击方前腿。

从戒备姿势开始，右腿和右手在前，侧步斜向前避开攻击，同时用力击打攻击方进攻侧手臂。

击打攻击方手臂后，反手攻击其近侧腿。保持防御状态防止攻击方用另一只手臂反击。

继续向攻击方死区移动，如有必要，继续击打其绿区。

在必要时，击打攻击方腿部后侧（前提是符合武力使用规则）。

钝型武器防御前踢

防守方持有长的钝型武器，如果攻击方进行前踢攻击，防守方可以结合身体防御技术使用钝型武器。通过移动到攻击方死区来避开前踢。避开攻击线后，拦截和击打攻击方腿部，必要时可以针对其绿区进行攻击。

从戒备姿势开始，右腿和右手在前，侧步斜向前避开攻击方的前踢，

同时准备反击其腿部。

击打攻击方的腿后侧，反手攻击其大腿。

击中大腿后，将武器顺势扫过目标，全程要克服击打的反作用力，防止武器被震飞。移动到攻击方死区，在必要时可以击打其绿区。

　　注意：另一种防御方式是移动到另外　侧使用钝型武器击打，这有利于移动到攻击方死区。演示如下。

从戒备姿势开始，右腿和右手在前，左腿向前上步，避开攻击，同时反击攻击方腿部。

击打攻击方腿部后，调转攻击方向，反手继续攻击其腿部，并且继续向攻击方身后移动。

可以将钝型武器插入攻击方的两腿之间进行控制。

向上举起钝型武器，同时用另一只手臂去控制攻击方的头部，向侧面移动攻击方的头部。不要将手或手臂放在攻击方嘴边以防被撕咬。注意：这种形式的防御具有攻击性，可能超出了武力允许的使用范围。

钝型武器应对抱摔或双腿抱摔

在防守方持有钝型武器的情况下，若攻击方试图进行抱摔，防守方可以利用钝型武器的长度直接刺向攻击方的薄弱部位。如果所持的武器为步枪，也可以把它当作一件钝型武器并结合身体防御。侧向上步避开攻击方，移动到攻击方死区，同时拦截并顶住攻击方的头部、颈部和斜方肌（参见第五章中的侧上步长枪战术防御抱摔和第九章中的 12 点方向改进的伸展下压）。在干扰和阻止攻击方前进后，必要时使用钝型武器来解除威胁。

右架站姿开始，找准时机通过左腿向后撤避开攻击，同时击打攻击方近侧腿。在击打攻击方腿部时，继续向其身后移动。

继续前进，必要时实施更多的击打。

如有必要（并且合理），继续击打攻击方的绿区。

击打头部

如果身处一场致命的武力冲突中，包括面对多名攻击方，防守方可以使用另一种防御方式，那就是侧向上步，攻击攻击方的头部或 红色区域，而不是攻击大腿。如果完成有效的侧向上步，并且距离合适，也可以直接击打攻击方上背部。

右架站姿开始，左腿在正确的时机下后退一步避开攻击，同时击打攻击方头部。

调整武器方向，继续攻击攻击方膝盖让其无法正常移动。

继续向攻击方后侧移动，离开危险区域，准备应对其他威胁。

还有一种防御方法是将钝型武器直接刺向攻击方面部。

右架站姿开始，如果攻击方靠近，防守方在正确的时机下用钝型武器直接刺向攻击方面部。

前腿稍微旋转，髋关节和上半身共同发力以达到最大的打击力度。

短钝型武器防御短钝型武器

在马伽术防卫中，使用钝型武器防御钝型武器的威胁或攻击（钝型对钝型），与很多徒手防御的原则一致。关键在于尽可能将肢体变向防御与身体防御相结合，同时避开攻击线。防守方要避开攻击线，随后通过改变攻击方钝型武器的方向进行反击，如击打攻击方的头部、眼睛、面部、颈部和喉咙。防守方也可以将踢法、自由一侧手臂的击打和钝型武器相结合。本节重点介绍用短钝型武器，如手电筒、警棍，或者卷起的杂志、收起的雨伞这样的简易武器进行防御。在使用钝型武器防御匕首型武器时，只需要对钝型武器防御钝型武器的战术做出调整。

注意：本节战术均假设防守方没有持枪械。

钝型武器防御钝型武器的下劈进攻

攻击方正面面向防守方，右手持钝型武器。因为攻击方可以利用重力优势将所有重量都施加到攻击中，所以这种下劈棍力量巨大。马伽术中有 2 种防御由上至下的攻击的方案。这 2 种方案还可以应对直拳或平勾拳，但是必须考虑到力量的使用。拳法攻击虽然在理论上可以重伤对方（尤其是训练有素的拳击手的拳法攻击），但通常不会像钝型武器或匕首型武器那样造成危险。

右架站姿开始，在合适的时机下向斜前方迈步避开攻击线，这种移动会让防守方身体侧身朝向攻击方。旋转钝型武器使其顶部朝下改变攻

击方的攻击方向。

将武器略微倾斜来抵挡攻击方的武器，让其武器从防守方武器的上方滑落。这时，防守方的钝型武器在战术上和战略上都处于可以继续对攻击方头部进行水平打击的位置。防守方应继续向前移动，进行反击。

运用步法，继续向攻击方身后移动。移动的同时可以做其他格斗动作、包括对攻击方的头部进行强力击打、踢击裆部或侧踢膝盖。如果攻击方还有威胁性，防守方可以进行更多的进攻。

钝型武器防御高空钝型武器下劈攻击的变化

该防御变化可以在以下情况下使用。

①离攻击方很近。

②不能侧向上步（如在狭小的空间或靠墙站立时）。

③有多名攻击方的情况下，必须位于面前攻击方的死区位置并远离其他攻击方。

④攻击方来自其他角度。

右架站姿开始，左腿在正确的时机下向前迈步，避开进攻线。身体向侧面倾斜，同时使钝型武器在头顶呈尖端朝下的角度，另一只手保护面部。必须用力握紧武器来抵挡攻击方的武器，让攻击方的武器从自己的武器上擦过。

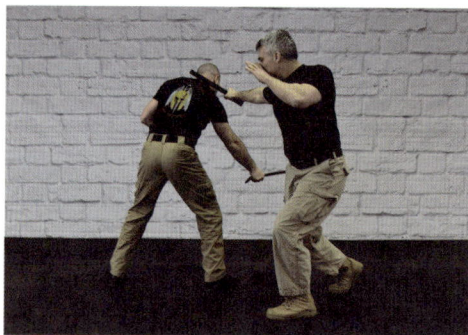

立即将武器旋转约180°，借助旋转反击攻击方头部。继续旋转钝型武器，使其处于可以继续对攻击方的头部进行击打的位置。以前脚掌为轴，顺时针旋转髋关节，最大限度地提高打击力度。可以侧踢攻击方近侧膝关节，用钝型武器进行防御，直到攻击方不再构成威胁。

注意：目前，马伽术课程不主张用双手紧握短钝型武器来防御高空攻击。虽然这样做有可能成功防御攻击，但为了获得双重的安全保障，最好避开攻击线。在任何情况下，对于这种技术，无论是保持静止以缓冲攻击力，还是两手握住钝型武器、避开攻击线，都要确保同时或几乎同时踢出一脚——马伽术防守与攻击相结合的原则。

钝型武器直刺防御高空钝型武器下劈攻击

在特殊时机下，可以使用第 3 种防御方式来避开下劈攻击，即用钝型武器直刺攻击方头部。

从右架站姿开始，在正确的时机下，通过斜向上步来避开攻击线。左腿稍稍向后一步，同时调整钝型武器的角度，使其刺入攻击方的颈部或头部，同时另一只手保护自己的面部。

继续反击，猛击攻击方持械手，打掉其武器。

钝型武器防御钝型武器的水平挥击

这个防御技术与防御平勾拳、锋利型武器划割或水平刺击的技术类似，在步法和武器使用上与防御钝型武器直刺的相似。在拦截时，先用钝型武器进行挥击，然后继续水平挥击攻击方头部。

从右架站姿开始，在正确的时机下，通过右脚向斜前方上步、后（左）腿稍向后退来避开攻击线，同时倾斜钝型武器拦截对方的水平攻击，并且另一只手上抬保护面部。

手臂发力握紧武器迎击攻击方的攻击。

拦截侧面攻击时可以使用前踢技术，即后腿稍稍向前迈一步，同时前腿踢向攻击方裆部。

完成拦截攻击后，沿水平面反手挥击钝型武器，击打攻击方头部。顺时针旋转臀部，同时以前脚掌为轴转身，尽可能加大击打力度。

可以继续反击，用（距离攻击方更近的）后腿直踢攻击方的裆部，然后继续移动，到达攻击方侧后方。远离攻击方，让自己的正面面向攻击方。

如有必要，可以继续进行击打。

钝型武器防御钝型武器高位反手水平挥击

该防御技术的目标是在钝型武器的反击弧线内向前突进，用钝型武器挡住或击打攻击方的持械臂。为了接近攻击方，防守方应转换站姿并保持武器与地面垂直，同时自由臂与武器保持平行，在攻击方进行挥击时挡住其肩部。挡住攻击方的手臂，同时对其头部和持械臂进行钝型武器的组合攻击。

右架站姿开始，选择正确时机双腿向前迈步，保持两脚之间距离不变。保持钝型武器垂直地面，用手臂发力紧握武器。

用钝型武器拦截并击打攻击方持械手，另一只手尽可能在同一时间直拳攻击其头部。

接下来用自由手控制攻击方的持械手，利用身体重量压住攻击方以限

制其移动。如有必要，可继续使用其他组合进攻方式。

钝型武器防御钝型武器高位反手水平挥击的变化

当防守方察觉到攻击方进行反手水平挥击的意图时，调整钝型武器至与地面平行，将尖端对准攻击方的颈部或头部进行反击。从本质上讲，这种防御方式是通过掌握先机来限制攻击方的攻击能力。同其他防御一样，时机的选择至关重要。

右架站姿开始，通过向斜前方上步避开进攻线，倾斜身体将钝型武器刺向攻击方的颈部或头部，同时另一只手上抬保护面部。

接下来的一种选择是使用低位侧踢攻击攻击方膝盖，或者继续用钝型武器进行击打。

手枪无法使用时的钝型武器防御

如果面临钝型武器的进攻威胁时手枪出现故障或没有弹药，可将手枪作为钝型武器，并使用马伽术的徒手防御技术。拉近和攻击方的距离，改变其钝型武器的进攻方向，同时用手枪枪口猛击攻击方的喉咙、下颌或面部。夹住攻击方持械一侧手臂，缴械并连续猛烈反击。

该防御技术的本质是用同侧臂和腿向前俯冲或突入攻击方内侧，拉近距离的同时改变其攻击角度，然后进行反击。

另一种防御方式是通过直接伸出手臂并翻转来改变攻击方向。变形—突入防御时，如果时机和动作正确，攻击方的武器会沿着防御手臂越过头顶并从背上擦过而不会对防守方造成威胁。防守和反击要同时进行。

防守方冲向攻击方时，正确的手臂姿势是手呈轻微的弧度以改变攻击方向。手指保持并拢，拇指紧贴手掌（拇指露在外面，有被武器打断的危险）。

在改变攻击方的攻击方向时要进行冷兵器反击，与攻击方手臂保持接

触的同时，将防御手翻转绕过攻击方的持械臂进行控制。可以以前腿踢击、膝击裆部继续反击，或者再次将手枪作为钝型武器进行反击。常用的缴械方法是右脚旋转180°，将钝型武器从攻击方手中扯掉，同时不要让攻击方离开视线。

手枪无法使用时防御斜向下的下劈攻击

如果攻击方进行斜向下的下劈攻击，在手枪无法使用时，防守方用持枪手来改变攻击方的武器进攻方向。

向攻击方突入时，正确的手臂姿势是手呈微微的弧度以改变攻击方向。将枪支伸向稍远处，让手能够"刺穿"攻击方的持械手。

一旦钝型武器滑过防守方肩膀，防守方应立即用手枪击打攻击方的头部。

手枪无法使用时防御钝型武器的水平挥击

水平挥击的防御与由上至下的攻击的防御类似。这里重点强调的是用同一种防御技术应对多种不同的攻击方式。例如，攻击方如果佯装进行下劈棍，然后迅速改变武器角度进行水平挥击，那么这种防御技术也可以完成防御。

向攻击方突入时，正确的手臂姿势是手呈微微的弧度以拦截对方进攻。逼近攻击方时，左臂外侧承受外力。将无法使用的手枪作为钝型武器击打攻击方面部。

逼近攻击方时，保持与攻击方手臂接触，用防御手偏转绕过攻击方持械臂一侧将其锁定。必要时继续用手枪进行反击。常用的缴械方法是右脚旋转180°，将钝型武器从攻击方手中掰开或扯掉，同时不要让攻击方离开自己视线。

手枪无法使用时双手持枪防御外侧水平挥击的变化

防守方双臂呈楔形进行水平挥击（或高空攻击），拉近与攻击方的距离也是一种防御方式，这种变化体现了马伽术的重要原则——攻防同步。

双手握住无法使用的手枪，双臂自然地形成楔形进行拦截和反击。再次强调，正确的手臂姿势是手呈微微的弧度以拦截下劈攻击。逼近攻击方时，手臂外侧肌肉可以吸收力量。

钝型武器防御匕首型武器攻击

针对用钝型武器防御匕首型武器的攻击（钝型边缘），马伽术中的防御大多遵循与徒手或钝型武器防御钝型武器相同的防御原则，目标是学习一些行之有效、适用于任何情境的防御技术。只要有可能，就尽量使用肢体变向防御与身体防御相结合的方式避开攻击线，同时进行反击，最好反击攻击方的头部、眼睛、面部、颈部或喉咙。

重点是使用特定的钝型武器，卷起的杂志或收起的雨伞这类简易武器也可以。如果防御不完善，导致被刺中或受伤，一定要加强防御和反击。需要注意的是，马伽术对匕首型武器、破碎的瓶子或注射器的防御基本上是一样的。

以下防御技术主要针对常见的匕首型武器攻击，当然，并不是每个角度或方向都包括在内。掌握这些防御原则，并将其应用于其他变化中。在训练中，注意遵循常识，可以少犯错。

防御手持匕首型武器的攻击方（中等高度）

对于中等高度的持匕首型武器的攻击方，马伽术课程中有两种防御技术，前提都是攻击方正面面向防守方并右手持匕首型武器。

变化 1——风车旋转

第一种变化是使用连续旋转扫击防御来打断攻击方手臂的攻击，"拔去蛇的尖牙"（迫使攻击方放下武器），或击打攻击方头部。防御的关键是要保持钝型武器连续移动和进攻。

防守方保持钝型武器顺时针连续快速旋转以拉近与攻击方的距离，距离要确保在武器的攻击范围内。

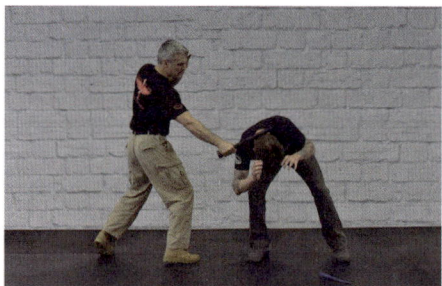

继续旋转武器，在必要时进行更多的击打以消除威胁。

134

变化 2——直刺上步和进攻

该变化以持械臂为目标，根据需要继续进行攻击。在拦截时，钝型防御武器位于可以进行挥击的位置，最后以水平击打攻击方头部。

右架站姿开始，选择正确时机，斜向前略微上步，身体和防御武器成一定的角度攻击攻击方的持械臂（与钝型武器防御钝型武器水平挥击相似）。

继续向前移动，越过攻击方，在必要时进行反击，自由手保持抬起进行防御。

还可以使用其他适当的攻击手段，如击打攻击方头部或身体。

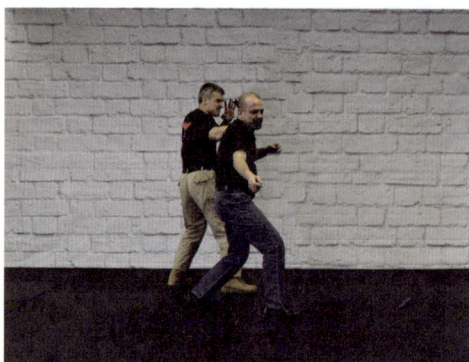

如有必要，继续进攻。

注意：变化 2 的防御方式中，需要同时进行 3 部分动作，与以下冰锥刺的防御方式相同。

冰锥刺的防御

攻击方正面面对防守方并且右手持匕首型武器。这种攻击方式的威力很大，因为攻击方可以利用重力优势，即运用全身重量进行攻击。马伽术课程中有两种防御方式可应对自上而下或冰锥刺类型的攻击。

防守方应瞄准持械臂，在必要时继续反击。在靠近攻击方手腕处进行格挡。格挡时，钝型武器自然地进行击打，最后水平攻击攻击方头部。

右架站姿开始，选择正确时机，通过向斜前方迈步避开攻击线，同时略微倾斜身体（注意：这和防御匕首型武器有相似之处）。

倾斜钝型武器攻击攻击方的持械臂，同时保持自由手臂举起以进行防护。

继续向前移动，越过攻击方，在必要时进行反击，反手水平击打攻击方头部，同时保持自由手举起以进行防护。在进行其他组合进攻时，也可以通过控制攻击方的持械臂来控制武器。

可以使用其他合适的攻击手段。

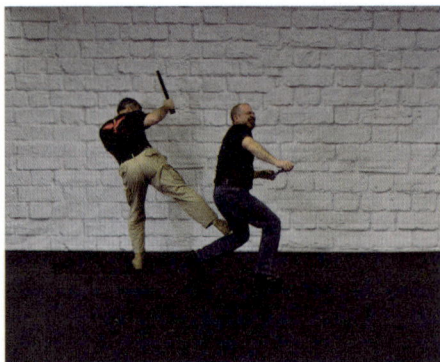

利用 180° 后撤步转体步法远离攻击方，同时确保自己正面面向攻击方。如有必要，继续进行攻击，包括低位侧踢。

钝型武器防御由上至下冰锥刺的攻击变形（面对面）

防御由上至下刺击的另一种方式是向外侧上步避开攻击线，同时大力反击攻击方的手腕和前臂。即从右架站姿开始（武器一侧向前），左腿向外侧迈步，头和躯干避开攻击线，同时从外侧击打攻击方手臂。

这种防御方式可以在以下情况使用：离攻击方很近；不能向侧面上步（如在狭窄的空间或靠墙站立时）；有多个攻击方，位于攻击方死区并远离其他攻击方；与攻击方形成一定的夹角（离角攻击）。

右架站姿开始，选择正确时机，左（后）腿斜向上步避开攻击线（注意：与钝型武器防御钝型武器的正手水平挥击相似）。

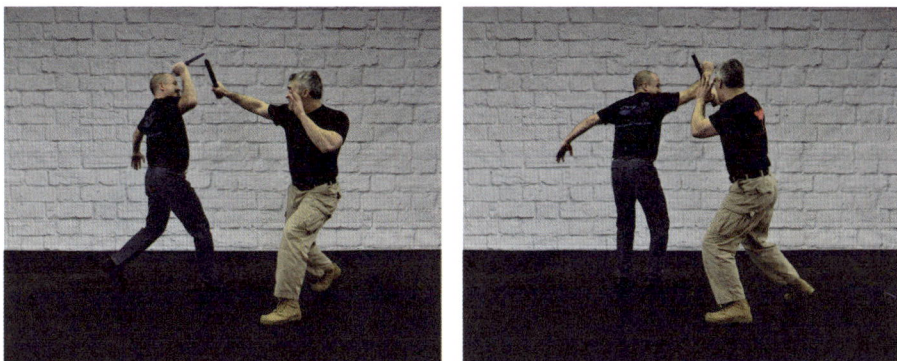

左腿继续向斜前方迈步，在移动的过程中，重击攻击方持械臂手腕的位置。必要时，继续旋转钝型武器，水平击打攻击方头部或其他部位。显然，即使攻击方因最开始的击打而掉落了武器，防守方也可以继续用这种方法进行反击。

风车旋转防御由上至下的匕首型武器攻击

防守方也可以在后撤时使用风车旋转的方式进行反击，类似于用钝型武器。防御匕首型武器的攻击（中等高度）。

钝型武器外侧防御直刺攻击（无演示图）

直刺的防御技术与防御冰锥刺的刺击类似，防守方可以向外侧迈步避开攻击线，同时大力反击攻击方手腕和前臂（钝型武器垂直于地面，尖端向上）。即从右架站姿开始（武器一侧在前），然后左腿向外迈步。

利用身体防御使头和躯干避开攻击线，同时从外侧攻击攻击方持械手。继续移动，右腿向后侧步变换站姿（小幅度地移动）。同时，防守方利用钝型武器进行组合攻击，可以拉近与攻击方的距离，自由手控制攻击方持械手，利用钝型武器进行攻击。如果攻击方的武器被击打掉落，还可以继续进行反击。

钝型武器防御匕首型武器的直刺、划砍或东方刺

这种防御方式几乎与钝型武器防御由上至下的匕首型武器攻击相

同，可以防御 3 种不同的攻击：直刺、划砍或东方刺。先用钝型武器
攻击攻击方进攻一侧手臂，然后水平击打攻击方的头部。

右架站姿开始，选择正确时机，通过向斜前方迈步避开攻击线（注意：
这与钝型武器防御钝型武器的正手水平挥击相似）。

倾斜钝型武器，重击攻击方持械手臂，同时保持另一侧手臂向上进行
防护。

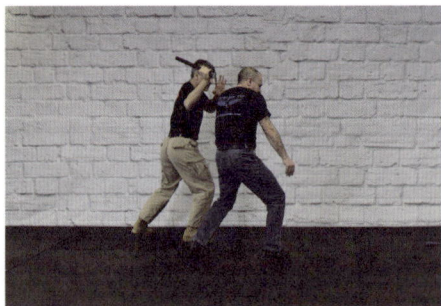

继续向前移动，越过攻击方，必要时进行反击，反手击打攻击方头部，
同时保持自由臂上举以提供防护。

钝型武器防御中等高度内侧划割

中等高度的内侧划割防御与高位内侧划割防御类似，防守方需向下翻转钝型武器，拦截攻击方的持械手。

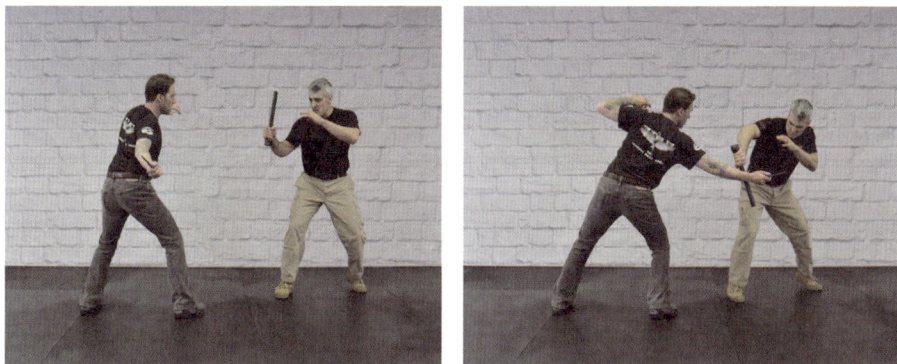

右架站姿开始，旋转或倒置钝型武器，拦截并击打攻击方持械一侧手臂。

侧踢攻击方前侧膝盖。另一种方法是猛击攻击方手臂，然后再次旋转钝型武器攻击攻击方头部（这种变化存在一个危险因素，即如果攻击方的武器没有被打掉，防守方在攻击其头部时会被砍伤）。

钝型武器防御反手划砍

这种防御方式与钝型武器防御钝型武器的高位反手水平挥击类似。目的是向匕首型武器反击弧线内侧突进，用钝型武器干扰或重击攻击方的持械臂。

为了靠近攻击方，防守方必须变换姿势，钝型武器与地面保持垂直。同时，自由臂与钝型武器平行，在攻击方开始挥击时顶住其的肩部。格挡并困住攻击方手臂，同时用钝型武器对其头部和持械臂进行攻击。

右架站姿开始，选择正确时机，前脚掌支撑双腿向前移动（双脚距离保持不变）截停攻击方的攻击。保持钝型武器与地面垂直，用手臂发力握紧武器（注意：这与钝型武器防御钝型武器的高位反手挥击相似）。

用钝型武器拦截并击打攻击方手臂。拦截住攻击方持械一侧手臂后，攻击其头部。

击打攻击方的头部后，用自由手控制住攻击方的持械手，将全身重量

压在持械手上以进一步控制。如有必要，继续进行其他攻击。

一种好的攻击组合是击打攻击方的手部，迫使对方放下武器。

风车旋转防御混合划砍攻击（无演示图）

防御使用混合划砍攻击动作的攻击方时，可以使用连续的外部旋转防御来攻击攻击方的头部和持械手，具体参见防御手持匕首型武器的攻击方（中等高度）。防守方要略退几步，关键是要保持对攻击方的头部和持械手臂的连续强力打击，削弱其攻击性。

第五章

冷兵器格斗

优化冷兵器格斗

如果能正确运用人体力学来增加打击效果，那么打击将产生最大力度。原则上，这涉及身体重量的转移。物理学告诉我们，力等于质量乘以加速度。如果在伸展手臂的同时进行加速，并把身体重量（质量）加到击打中，那么将产生更大的打击力。当然，这需要适当的姿势和技巧。马伽术的技术并不依赖力量或体型；相反，马伽术体系正确地运用了人体力学，无论实际操作者的力量或体型如何，都可以运用马伽术。换句话说，防守方要将自己所有的身体重量加入打击中，同时运用核心力量旋转，以最快的速度产生最大的力量。

最好分阶段练习这些格斗技巧。每个阶段都必须独立进行，并且不断地练习和完善。每当掌握了一个阶段的技巧后，就可以与其他阶段的技巧结合，从而掌握整套技术。练习时可以对着镜子辅助完成。虽然本书很难将各方法在图片中展现出来，但记住，任何格斗打击技术都需要整个身体的协调移动。

无论进行何种打击，身体重心一定要向前移动，这样才能将身体重量加入打击中，当防守方用最快的速度击打时，会激发出更大的打击力。以下是进行有效击打的一些提示。

运用整个身体。进行打击时，防守方要移动整个身体，在击打中利用身体重量来增加力量，获得最佳的打击效果。

呼吸。击打的同时呼气。有些人喜欢在击打时大声尖叫。无论是尖叫还是呼气，都会让身体做好击打和反击的准备。呼气有利于肌肉利用氧气，从而更好地控制移动，创造防御反击的专注状态。

攻击薄弱点。如果防守方选择攻击薄弱点会有更多的回报（见第一章"24个薄弱点"部分）。

以下是一些徒手格斗和冷兵器格斗中的常见错误。

· 发力距离过短，打击力度不够。

· 推击目标而非击打目标。

· 重心转移不当或不彻底。

· 上步移动时双脚的距离发生改变。

· 后腿拖沓而非以它为轴。

· 击打时出现掉手。

· 击打前回收手臂。

· 击打之前先移动头部或肩膀。应该最先移动手。

· 收腿准备踢击时使用垫步或掉手。

· 掉一只手或者双手。

· 不能立即恢复格斗姿势。

· 不能正确呼吸。

· 后肘击打时前脚无法移动，前脚须略微移动来确保整个打击的顺利进行。

· 无法正确旋转（前脚掌转动 90°）。

· 进行前踢时，全程送腿没有力量。

· 不受控制地快速弹踢。

· 踢击时弯腰而不是伸展。

· 用脚趾或脚跟而非脚掌进行前踢。

· 在踢击前或踢击时掉手。

· 在踢击时过度弯曲踢击腿部。略微弯曲可以防止过度伸展。

· 进行扫踢时没有转动髋关节，这样的踢法力量很小。

掌握徒手、钝型武器与枪械组合的进攻方式

许多人认为徒手格斗只是用手进行对抗，而在马伽术中，正确的做法是将上半身、下半身和冷兵器融为一体。换句话说，就是将挥棍、划割、直刺、踢法、拳法、戳眼或鞭打、肘击和膝击都结合在一起，

进行压倒性的反击，任何武器的使用都不是特定的。武器——无论是随机的还是指定的——都应该仅被视作身体的辅助工具。

冷兵器格斗在很多方面是在徒手格斗的基础上调整的。因此，学习马伽术的核心攻击动作十分重要，因为这很容易转化为使用冷兵器的能力。这种战斗力形成的方法是马伽术如此受欢迎的原因之一，也是马伽术被世界各地的执法机构所采用的原因。

低位踢击的重要性

马伽术强调低位踢击。在研发防身以及近距离格斗项目时，学员被要求在全副武装状态下进行长距离跑动。许多学员都具有实战对抗能力，喜欢高踢爆头。在经历了令人精疲力尽的负重奔袭之后，他们被告知可以用惯用的方式进行防御。但是，这些擅长高位踢击的学员中很少有人能做好防御。在对抗开始前，高强度的体能消耗让他们难以运用高位踢击。因此，人们认识到近距离防卫对抗技术要适用于所有受训人员，尤其是处于困境中的人员。因此，上半身格斗与低位踢击的结合成为马伽术的必要训练项目，而这也很难防守。

冷兵器疯狂进攻

如前所述，可以将冷兵器击打、拳掌攻击、肘击（使用钝型武器、匕首型武器或手枪时）和踢法结合起来。迅速收回击打手臂恢复战斗姿势，这样可以保持防御和进攻能力。前手拳打击后瞬间回收，后手拳开始进攻。前手拳后拉产生的惯性力能够提升后手拳的攻击性，产生更大的冲击力。在马伽术课程中，有将冷兵器格斗与徒手格斗相结合的特定内容。

下面展示的是冷兵器格斗技术，与徒手攻击技术的基本机制是相同的。马伽术的基本策略是变换或调整核心动作。换句话说，步法、旋转和身体重心移动的动力学原理和直线、水平、对角线或上勾拳的徒手攻击是相同的。

手枪的直线击打

进行这种直接快速的攻击时，要瞄准攻击方的面部、下颌或喉咙，也可以选择瞄准其腹腔或胃部。这种打击的身体运动机制与使用警棍、手枪或步枪的直线戳击相似：身体必须协调一致，戳击时身体进行旋转，配合正确的步法移动。与所有技击动作一样，这符合人体的自然运动。

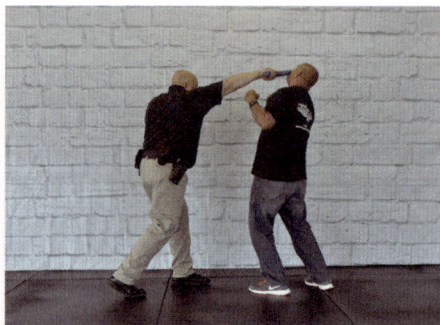

左架站姿，牢牢握住手枪，以右脚掌为支点旋转，同时伸出右臂，用枪口对攻击方进行戳击。防守方伸出手臂准备击打时，手要牢牢握紧手枪，与地面保持平行。稍微抬起右肩并收拢下颌，保护下颌和颈部。

手枪三点击打

这种快速手枪击打变化使用武器的 3 个边缘——枪口、扳机护圈和弹匣。

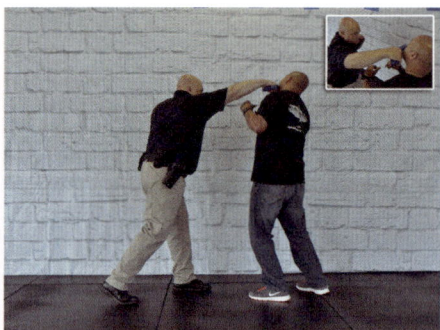

左架站姿，牢牢握住手枪，以右脚掌为支点旋转，同时伸出右臂，用枪口对攻击方进行戳击。伸出手臂准备击打时，手要牢牢握紧手枪，与地面保持平行。稍微抬起右肩并收拢下颌，保护下颌和颈部。必要时可继续使用其他的持续压制的攻击方式。

手枪弧线击打

防守方使用这种有力的、有一定斜角的击打时，要瞄准攻击方的鼻子、下颌或喉咙。用枪口所产生的巨大冲击力来攻击攻击方。这种击打不同于直线击打，因为手臂不是直奔目标，而是与目标稍成斜角。

左架站姿，牢牢握住手枪，以右脚掌为支点进行旋转并伸出右臂，枪口与目标成一定斜角，猛戳攻击方。

防守方伸出手臂准备击打时，手要牢牢握紧手枪，与地面平行。稍微抬起右肩并收拢下颌，从而保护下颌和颈部。为便于进行弧线击打，防守方要以右侧身体进行旋转，非攻击侧肩膀的角度将略微偏离。必要时继续使用持续压制的攻击方式。

长枪枪口的直线戳击

长枪枪口的直线戳击是一种非常有效的技击方式。最理想的目标是脸部和喉咙。可以肯定的是，如果防守方身负防弹衣和装备，直线戳击最易完成。

左架站姿（惯用右手射击），左腿向前迈的同时开始猛戳，右腿向前迈出同等距离以加速。猛戳之后要结合其他的格斗动作，包括利用枪托进行水平弧线攻击或向上攻击，或者用枪管向前劈击。戳击目标是人体薄弱部位，如面部、喉咙、腹部或裆部，具体取决于攻击方的身高。必要时继续使用持续压制攻击方式。

长枪弹匣的击打

长枪弹匣的击打也是一种非常高效的技击方式。当使用这种距离短、动作直接、速度快的攻击时，要瞄准攻击方的鼻梁、下颌或喉咙，充分利用身体重量和步法移动，特别是攻击攻击方喉咙时，这个动作将会非常有力地击退攻击方。同样，对于身负防弹衣和装备的人来说，该直线进攻动作最容易完成。需要注意的是，长枪弹匣的击打后可以衔接其他格斗动作，包括用枪托进行水平击打或向上击打，或者用枪管向前劈击。

左架站姿（右手持械），左腿向前迈的同时右腿也迈出同等距离以加

速戳击。当进行身体移动时伸出手臂，同时右（后）脚也要稍稍旋转。必要时继续使用持续压制的攻击方式。

针对身体的手枪击打

这种击打方式的动作很简单，类似于直接猛戳头部。这种方式可以有效攻击攻击方的裆部，或让攻击方毫无反抗之力。如果击打力度足够且准确性高，还可以打断攻击方肋骨并伤其内脏。与其他格斗技术一样，要以脚掌为支点旋转，并用手枪的枪口戳击攻击方。

左架站姿，牢牢握住手枪，以右脚掌为支点旋转，同时伸出右臂，用枪口对攻击方进行戳击。防守方伸出手臂准备击打时，手要牢牢握紧手枪。稍微抬起右肩并收紧下颌，保护下颌和颈部。必要时继续使用其他的持续压制的攻击方式。

手枪向内劈击

无论攻击方暴露出哪个部位，都可以用这种方式对其进行反击。最佳目标包括脸、下颌、喉咙、耳朵和太阳穴，也包括躯干。

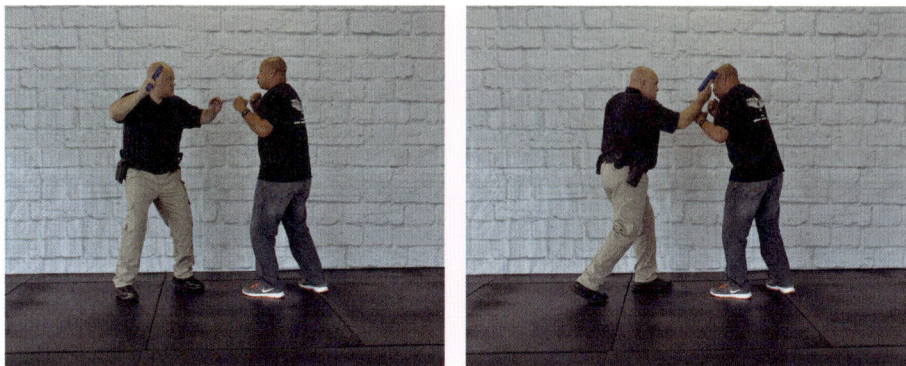

以常用站姿开始，用手保护好面部。肘部弯曲 60°～90°，具体取决于所选择的攻击角度。进行内侧劈击时，后脚的旋转方向与攻击方向一致。

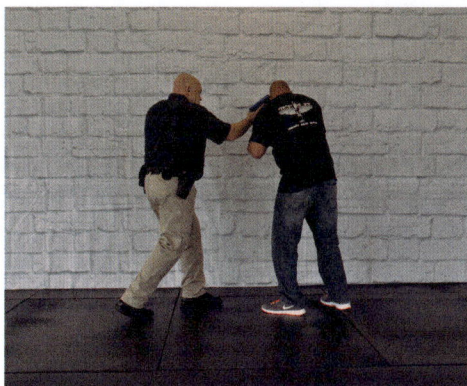

以脚掌为支点旋转时，身体其他部位也要跟着转动，眼睛始终盯着目标。稍微调整前、后脚的移动让击打更加顺畅。后手始终抬起并保持战斗姿势。必要时继续使用其他的持续压制的攻击方式。

长枪的枪托水平击打

在没有佩戴限制移动的枪背带的情境中，无论攻击方暴露出哪个部位，都可以用这种方式对其进行强力攻击。最佳攻击目标包括下颌、脸颊、喉咙和耳朵。

左架站姿，以后脚掌为支点转动身体击打攻击方。上半身或枪托的移动要稍早于下半身。记住，要用枪托而非手肘来进行击打。

为了配合后脚旋转，前脚掌也要稍做转动。注意：使用带有握把的现代突击步枪时，一定要向外倾斜枪托。必要时继续使用其他的持续压制的攻击方式。

手枪的向外劈击

这个技击方式的最佳攻击目标是太阳穴、喉咙和颈部（颈动脉），攻击时要使用枪管的底面。与手枪的向内劈击一样，手枪的向外劈击将用到枪管的底部；不同的是，旋转手腕使手枪握把朝外。

接近攻击方时，向其攻击的方向旋转髋关节，紧接着用主力手带动身体旋转。在身体旋转、髋关节外旋的同时，持有手枪的手臂开始摆动。手枪向外劈击时，用枪管的底部击打攻击方。保持肘关节略微弯曲，避免因伸展过度而造成的冲击。在击打时，双脚掌均朝劈击方向旋转。当以脚掌为支点进行旋转时，身体的其他部位也要跟着转动，眼睛要始终盯着目标。调整前脚来保证后脚完成动作。保持后手在上的格斗站姿，如有必要使用其他持续压制的攻击方式。

长枪划砍

与手枪的向外劈击类似，长枪划砍的攻击目标是头部、太阳穴、耳朵、颈部（颈动脉）和喉咙，这个动作要用到枪管的底部。

防守方接近攻击方时，髋关节向其攻击的方向旋转，然后朝向攻击方用主力手带动身体旋转。同时，持有长枪的手臂开始摆动，并用枪管的底面进行砍击。前脚掌要转向砍击方向。当以前脚掌为支点旋转时，身体其他部位也要跟着转动。稍微调整前脚来顺应后脚的动作。保持后手始终抬起并呈战斗姿势。这个动作后可衔接其他技击方式，包括枪托的水平扫击或向上劈击。必要时继续使用其他持续压制的攻击方式。

长枪托自上而下的击打

长枪托自上而下的击打类似于抡大锤。目标部位包括眼睛、鼻梁、耳朵和喉咙。枪管要向下对准目标。要确保以脚掌为支点进行旋转，以发挥最大的打击力。

左架站姿开始，向上转动长枪后向下猛击目标。以脚掌为支点旋转髋关节并收紧核心，以爆发出最大打击力。长枪托自上而下的击打动作以髋关节为支点进行，这是一种介于直线击打和水平弧线击打之间的动作。双臂应平行而非交叉移动。必要时继续使用其他持续压制的攻击方式。

长枪的向上击打

这种技击方式能够有效攻击攻击方暴露的下颌、喉咙或裆部（当防守方躺在地上而攻击方为站立姿势时）。注意：这里有一个常见的错误，即向下移动长枪而不是身体，这样移动并没有利用髋关节的力量。这种错误会让攻击力减弱，攻击方很容易防守。

左架站姿，双膝微屈以从下半身发力，旋转髋关节产生爆发力。向上击打时，后腿向内旋转并蹬直膝盖，整个身体要自下而上地发力。记住，双臂不要交叉，而是应该自然协调地移动。

确保以后脚脚掌为支点旋转以使出最大的打击力，让髋关节穿过攻击方来产生爆发力。最适合衔接这个动作的是长枪划砍。必要时继续使用其他持续压制的攻击方式。若使用带有握把的现代突击步枪的话，则一定要使枪托向外倾斜。

长枪的向下捶击

这种捶击能够将体重优势与武器的重量相结合。注意：还可以用手枪的枪管或握把进行类似的击打，但这可能会导致弹匣移动。

防守方前踢攻击方裆部后，攻击方的颈部或后脑勺完全暴露。

有可能的情况下，防守方应在腿触地时立刻进行击打，利用体重创造出最大的打击力。必要时继续使用其他持续压制的攻击方式。

长枪托的水平向后击打

长枪托的水平向后击打用于应对来自后方的威胁，是一种极具冲击性的击打方式，目标是攻击方的面部、喉咙等。防守方后腿向攻击方方向移动一小步，旋转髋关节击打攻击方。

以常规站姿开始。击打侧手臂要始终贴近身体，要从肩膀上方看向击打目标。靠近长枪枪托一侧的腿稍微往后退一步。旋转身体的同时，用长枪枪托撞击攻击方的面部、喉咙等。必要时继续使用其他持续压制的攻击方式。

长枪托的低位向后击打

与长枪托的水平向后击打类似，长枪托的低位向后击打也用于应对来自后方的威胁，是一种具有冲击性的击打方式，目标是对方的腹部或裆部。在这种长枪攻击中，髋关节将通过外旋发力。

以常规站姿开始。击打侧手臂要始终贴近身体，从肩膀上方看向击打目标。长枪枪托一侧的腿稍微往后退一步。转动身体时，用长枪枪托去攻击攻击方的裆部、腹腔神经丛、胃部等。必要时继续使用持续压制的攻击方式。

长枪托的后上垂直击打

这种击打方式是长枪托的低位向后击打的自然延续。在运用该击打方式时，髋关节、肩膀和手臂会向上产生爆发力，要用长枪枪托的末端对准攻击方的喉咙或面部。

防守方的后臂贴近身体，从肩膀上方看向击打目标，弯曲膝盖并旋转身体。用枪托爆发性地击打攻击方的下颌。必要时继续使用其他持续压制的攻击方式。

长枪作为冷兵器防御徒手攻击及冷兵器攻击

从技术层面来说，长枪防御与钝型武器和匕首型武器的防御技术几乎相同。此外，长距离防御技术在某种程度上模仿了钝型武器应对钝型和匕首型武器攻击的技术。马伽术强调用一种核心战术应对不同武器的攻击。

21世纪，马伽术的防御体系也随着时间而发生了演变。当长枪防御被首次研发时，使用毛瑟（Mauser）Kar 98K步枪和李－恩菲尔德（Lee-Enfield）步枪等枪型的人较多。这些步枪，即便是卡宾枪（Carbine）版本也相对较长。此外，持枪者可以像挥舞短棍一样舞动步枪。随后，人们开始采用FAL自动步枪和乌兹（Uzi）冲锋枪，前者是一种很长的带手柄的步枪，后者是一种紧凑型长枪。士兵们必须根据枪型采用相应的马伽术技术。

FAL 自动步枪的长枪管更适用于砍击和戳击，也能应对近身攻击。后来人们用 Galil 系列步枪取代了 FAL 自动步枪，随后将其并入了 M-16/4 系列。马伽术中的长枪防御也适用于弹夹后置或短枪管的长枪。按如今行动多元的总体趋势来看，前握手柄可以极大改善其格挡和变向能力。枪管较短的步枪可以提高防守方的变向能力。

该部分将通过两种不同的长枪来展示不同情况下的防御方法，也会介绍针对两种长枪各自的设计、配置及握把，以及该如何对防御技术进行修正。由于武器的长度、配置和设计各不相同，该部分重点讲解通用技法和使用原则，而非对每一种武器类别进行具体描述。

注意：以下防御方式针对长枪无法正常使用、在 –5 级突然被袭击或伏击或者希望使用武力等级更低的情况。这些防御从最常见的步枪预备状态开始。长枪高位戒备位置具有很多优势，更容易防御常见的高位攻击，对低位攻击的防御却比较困难。所以，我们必须根据不同情况灵活应对。重要的一点是，长枪高位戒备姿态对防御技术进行了一些修正，下文会有讲解。不论是长枪低位还是高位戒备姿态，在攻击方发起攻击之前进行反击永远是第一选择。

注意：以下示例中，在用长枪进行防御后，防守方应远离攻击方，让长枪回到可以击发的射击线上。如果可行的话，防守方在拉开距离后也可选择使用副武器。

长枪防御直拳

在长枪出现枪械故障或弹药耗尽、攻击方进行直拳攻击的情境中，长枪可以作为钝型武器使用。击打攻击方手臂来改变其攻击方向，同时进行身体防御。斜前方上步避开攻击并移动到攻击方的死区。

长枪低位戒备站姿，左脚沿对角线方向上步，右脚跟随移动。上步时，用长枪拦截攻击方出拳的手臂并改变其方向。注意：根据标准战术、技术和流程（tactics techniques and procedures, TTPs），长枪如果处于高位戒备姿势，会更容易应对此类进攻。

击打攻击方伸出的手臂后，立即戳击攻击方头部。必要时继续使用其他持续压制的攻击方式。

长枪防御弧线进攻

如果长枪无法使用，或者出于武力考虑将长枪作为冷兵器防御对方的平勾拳，可利用长枪的长度优势直接戳击攻击方身体的薄弱部位。另一种选择是将长枪作为钝型武器，结合身体防御避开攻击方的平勾拳并移动到攻击方死区，同时拦截并打击攻击方出拳一侧手臂。然后，用枪管劈砍攻击方头部。

持枪戒备站姿，发现攻击方出平勾拳后，右脚向对角线方向上步，左脚跟随移动以躲避平勾拳。上步的时候，用长枪拦截出拳手臂。再次强调，根据标准战术、技术和流程，长枪如果处于高位戒备姿势，更容易防御这类攻击方式。

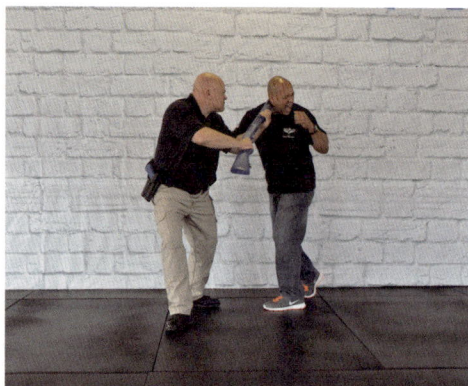

击打攻击方手臂后，要立即劈砍攻击方的头部或颈部。完成这个动作后可以衔接其他攻击技术，包括水平或向上的枪托击打（有单条背带也能运用这种战斗方式）。必要时继续使用其他持续压制的攻击方式，也可以拉开距离使用长枪，或使用副武器。

无法操作的长枪防御抱摔

如果长枪出现枪械故障或弹药耗尽，而攻击方试图进行抱摔，可以选择将长枪作为钝型武器使用。另一种选择是结合长枪与身体防御进行防御，并移动到攻击方死区。攻击方试图进行抱摔时会低头，此时对其进行拦截和反击，然后用枪管劈击攻击方头部。

持枪戒备站姿，当攻击方降低重心试图抱摔时，用枪口戳击攻击方头部。如果防守方反应更灵敏，更早发现攻击方试图抱摔，也可以避开攻击线，用枪口对其面部或一侧头部进行戳击。

猛击攻击方头部后，若有必要，可以继续劈击其头部。

这个动作完成后可以衔接其他动作，包括水平或向上的枪托攻击（有单条背带也能运用这种战斗方式）。必要时继续使用其他持续压制的攻击方式。

侧上步长枪戳击防御对方抱摔

如果长枪出现枪械故障或弹药耗尽，而攻击方试图进行抱摔或者希望选择武力等级更低的冷兵器，那么防守方可以利用长枪的长度优势直接戳击攻击方身体的薄弱部位。另一种选择是将长枪作为钝型武器，结合身体防御来防御攻击方的抱摔，并且移动到攻击方的死区。攻击方进行抱摔需要低下头部并向下移动身体，此时防守方可以截停其移动，然后用枪管砍击攻击方头部。

持枪低位戒备站姿，防守方识别出攻击方的抱摔意图后立刻避开攻击线，用枪口对其面部或头一侧进行戳击。完成这个动作后可以衔接其他动作，包括水平或向上的枪托攻击（有单条背带也能运用这种战斗方式）。必要时继续使用其他持续压制的攻击方式。

长枪防御钝型武器的下劈攻击

在长枪无法正常使用时，马伽术提供了两种应对钝型武器下劈攻击的防御方法。值得注意的是，这些针对钝型武器的防御方法也可应对砍刀攻击（后文会介绍）。格挡防御需要保护紧握长枪的前手。

低位持枪戒备站姿，举起长枪并拉近距离。

截停攻击方由上至下的攻击，倾斜长枪击落攻击方的武器。

上图展示的是应对砍刀的防御方法，与防御钝型武器自上至下的攻击的方法一致。

截停下劈攻击后，踢击攻击方裆部（前后腿均可）。完成这个动作后可以衔接其他动作，包括水平或向上的枪托攻击（有单条背带也能运用这种战斗方式）。必要时继续使用其他持续压制的攻击方式。

上步用长枪格挡防御砍刀的下劈攻击

这种以低位持枪戒备站姿开始的技术，能够让防守方避开向下劈砍攻击并移动到攻击方的死区。相同的防御方法也可以用来防御钝型武器的下劈攻击（假设攻击方右手持砍刀，与防守方正面相对）。

低位持枪戒备站姿，举起长枪，向斜对角上步以靠近攻击方。

稍微倾斜长枪拦截攻击方向下劈击的砍刀。继续向攻击方死区一侧移动。

用枪口猛戳攻击方头部或面部，完成这个动作后可以衔接其他动作，包括水平或向上的枪托攻击（有单套背带也能运用这种战斗方式）。必要时继续使用其他持续压制的攻击方式，或者拉开距离使用武器。

长枪戳击防御匕首型武器的冰锥刺攻击

当长枪无法正常使用时，马伽术提供了两种防御冰锥刺攻击的方法：戳击拦截和躲避的同时进行反击。

利用长枪的长度优势在攻击方开始行刺之前进行拦截。直接戳击攻击方的腹腔神经丛、喉咙或面部，能够在第一时间有效阻止攻击方的攻击。戳击在很大程度上依赖于时机，如果使用的是弹夹后置或短式冲锋枪，那么使用戳击技术就会变得非常困难。为了正确进行防御，必须在正确的时机精准运用长枪，在攻击方用手臂进行冰锥刺之前戳击攻击方。

防御成功后，继续进行反击，包括使用其他长枪攻击方式、踢击攻击方裆部或侧踢攻击方膝盖。可以移动到攻击方的持械手臂一侧，立即劈开攻击方手臂破坏攻击，或者至少强迫攻击方丢下武器。如果攻击方收回手臂，那么防守方也可以移动到远离持械手臂一侧。后续的操作根据防守方对攻击方的反击情况而定。

注意观察攻击方持握匕首型武器的方式以预测攻击线路。用枪口直接戳击攻击方的面部或喉咙。继续用持续压制的攻击方式让攻击方丧失攻击能力，包括击打攻击方持械手臂来强迫其放下武器。如果长枪出现枪械故障，需要快速排除故障，或者使用副武器进行反击（在必要且合理的情况下）。

长枪应对匕首型武器冰锥刺的外侧防御

当攻击方持匕首型武器进行冰锥刺时，防守方应反击攻击方的持刀手臂并移动到其死区位置。尽可能打击攻击方的手腕，改变其攻击方向。

注意观察攻击方持握匕首型武器的方式以预测攻击线路。低位持枪戒备站姿，举起长枪，向斜对角上步以靠近攻击方。注意：如果步枪位于高位戒备姿势，防御方式将变得更加直接，即改变攻击方的武器进攻方向然后进行反击。

拦截冰锥刺攻击时，稍微倾斜长枪并用枪管进行击打，让攻击方的持械手臂顺势滑开并远离自己，同时继续向攻击方的死区位置移动。

改变了攻击方的攻击方向后，立即用枪口戳击其头部或面部，并且继续向攻击方的死区移动。完成这个动作后可以衔接其他动作，包括水平或向上的枪托攻击（有单条背带也能运用这种战斗方式）。

必要时继续使用其他持续压制的攻击方式，或者拉开距离，排除长枪的故障后利用长枪进行反击。

以上两种长枪应对冰锥刺攻击的防御方法，防守方都是采用左架站姿（假设惯用右手射击）。与防御钝型武器一样，任何一种防御的变化都需要在避开攻击线、攻击攻击方的持械手臂并改变其攻击方向后，继续使用持续压制的攻击方式来消除威胁。

而下面这种防御技术是由步枪低位戒备站姿演变而来的，防守方使用的是带有前握柄和短背带、短枪管的长枪。注意：短枪背带可能会限制长枪作为冷兵器的攻击能力。再次强调，尽可能靠近攻击方的手腕进行截停，改变其匕首型武器的攻击方向。

注意观察攻击方持握匕首型武器的方式以预测攻击线路。低位持枪戒备站姿，举起长枪，向斜对角上步以靠近攻击方。注意：若步枪位于高位戒备站姿，这个防御将变得更加简单。

稍微倾斜长枪并用枪管击打，让攻击方的持械手臂顺势滑开并远离自己，阻止攻击方的进攻。立即用枪口对其头部或面部进行戳击，继续向攻击方死区移动。完成这个动作后可以衔接其他动作，包括水平或向上的枪托攻击（有单条背带也能运用这种战斗方式）。必要时继续使用其他持续压制的攻击方式，或者拉开距离，排除长枪的故障后利用长枪进行反击。

马伽术不提倡直接格挡由上至下的冰锥刺，这对使用弹夹后置长枪的防守方来说这是相当危险的，因为防守方没有避开攻击线。此外，攻击方可以向下移动匕首型武器来阻碍长枪的防御，并利用非持械一侧手臂来进行攻击。任何情况下，防守方无论是站在原地进行防御还是双手持枪避开攻击线，都要确保尽快进行并发起踢击，这样符合马伽术同时进行防御和进攻的原则。

冲锋枪应对匕首型武器冰锥刺的外侧防御

这一演变的重点在于使用冲锋枪，其机制与之前的防御方法是相同的。不过，因为冲锋枪长度较短，所以防守方必须做出调整。再次强调，尽可能靠近攻击方的手腕进行截停，改变其匕首型武器的攻击方向。

注意观察攻击方持握匕首型武器的方式以预测攻击线路。利用冲锋枪枪管的长度旋转枪身以改变攻击方冰锥刺的进攻方向。继续用持续压制的攻击方式，或者拉开距离，用冲锋枪攻击。

长枪（短背带）防御匕首型武器水平弧线刺击（面对面）

这个防御技术应对的是因使用短背带而无法自由移动长枪的情况。

注意观察攻击方持握匕首型武器的方式以预测攻击线路。低位持枪戒备站姿，枪口朝下，在朝攻击方突进时利用长枪的垂直长度。如果长枪处于高位戒备站姿，与长枪防御匕首型武器划砍的技术类似。

拦截攻击方刺击时，用侧肘击打攻击方头部。

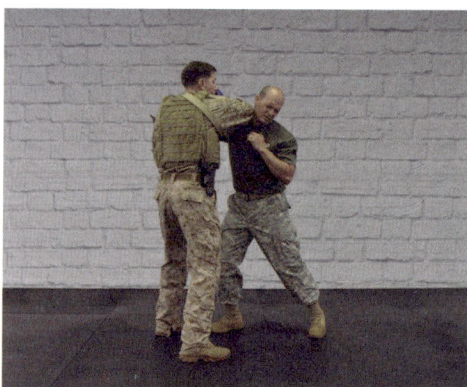

将长枪当作冷兵器，继续反击。

继续进行持续压制的攻击方式，或拉开距离后，找机会利用长枪反击。

长枪防御匕首型武器直刺

从技术设计来说，这类直线刺击的防御和长枪应对匕首型武器冰锥刺的外侧防御几乎一模一样。

注意观察攻击方持握匕首型武器的方式以预测攻击线路。低位持枪戒备站姿，举起长枪，向斜对角上步靠近攻击方。稍微倾斜长枪，用枪管击打攻击方以截断进攻，让攻击方的持械臂顺势滑开并远离自己，继续向攻击方死区移动。

改变攻击方的攻击路线后，立即用枪口戳击其头部或面部。继续向攻

击方死区一侧移动。完成这个动作后可以衔接其他动作，包括水平或向上的枪托扫击（若有背带的话也能运用这些攻击方式）。必要时继续使用其他持续压制的攻击方式，或者拉开距离后找机会利用长枪反击。

长枪（短枪管）防御匕首型武器的直刺

从技术上来说，这种低位持枪戒备站姿应对匕首型武器直刺攻击的防御方式，与长枪应对匕首型武器冰锥刺的外侧防御几乎一模一样。

注意观察攻击方持握匕首型武器的方式以预测攻击线路。低位持枪戒备站姿，举起长枪，向斜对角上步靠近攻击方。向下旋转枪身，利用枪身长度从上方截断进攻。注意：如果是持枪高位戒备的情况，与长枪防御匕首型武器直刺（面对面）的技术类似。

击打攻击方持械手臂，让手臂沿着枪管顺势滑落并远离自己，同时继续向前朝攻击方死区移动。

改变攻击方攻击方向后，立即用枪口戳击攻击方的头部或面部。继续向攻击方死区移动。完成这个动作后可以衔接其他动作，包括水平或向上的枪托扫击（若有背带的话也能运用这些攻击方法）。必要时继续使用其他持续压制的攻击方式，或者拉开距离后找机会利用长枪攻击。

长枪（短枪管）防御砍刀的直线刺击

从技术上来说，这种对抗砍刀直线刺击的防御技术与长枪防御匕首型武器的直刺的技术几乎一模一样。当防守方无法正常使用长枪时，可以使用这个技术。

防守方应低位持枪戒备站姿，向对角线方向上步接近攻击方。稍微倾斜长枪，用先进战斗光学瞄准器（ACOG®）下沿拦截攻击，让攻击方的持械手臂偏转并远离你自己，继续向前移动到其死区一侧。防守方改变攻击方的攻击方向后，立即用枪口戳击其头部或面部，继续向其死区移动。完成这个动作后可以衔接其他动作，包括水平或向上的枪托扫击（若有背带的话也能运用这些攻击方法）。必要时继续使用其他持续压制的攻击方式，或者拉开距离后找机会利用长枪反击。

低位持枪戒备站姿，举起长枪，向对角线方向上步靠近攻击方。旋转长枪并向下倾斜，利用其长度优势以长枪顶部拦截攻击方的直线刺击。

击打攻击方的持械手臂，使其顺枪管滑开，继续向攻击方死区移动。改变攻击方的攻击方向后，立即用枪口戳击对方的头部或面部，同时移向攻击方死区。完成这个动作后可以衔接其他动作，包括水平或向上的枪托扫击（若有背带的话也能运用这些攻击方法）。必要时继续使用其他持续压制的攻击方式，或者拉开距离后找机会利用长枪攻击。

冲锋枪防御匕首型武器的直刺

从技术上来说，针对有故障的冲锋枪，这种防御方法与长枪防御匕首型武器的直刺几乎一模一样。

击打攻击方的持械手臂，让其沿枪管滑落并远离自己，同时向攻击方死区移动。

长枪防御匕首型武器低位直刺

针对有故障的长枪，马伽术提供了两种应对匕首型武器低位直刺的防御技术：拦截性戳击和上步躲避的同时进行反击。

防御低位直刺，先发制人，用长枪戳击十分有效。利用长枪的长度优势在攻击方武器接近前击打其面部。

防守方应持枪戒备站姿，左脚在前。防守方找准时机先发制人，用长枪向前直刺，戳击攻击方的面部或喉咙。正确应用防御技术的关键是在合适的时机精准出枪，在攻击方伸出手臂之前直接戳击其面部、喉咙或腹腔神经丛。这个防御方法在很大程度上依赖时机。另外，如果防守方使用的冲锋枪是弹夹后置或短式的，戳击就会变得非常困难。

在完成第一波防御后，防守方应继续进行反击，包括利用其他的长枪攻击方式、踢击裆部或侧踢膝盖。可以移动到攻击方持械手臂一侧并立即击打该手臂，或用其他方法强迫攻击方放下武器。如果攻击方后退，也可以移动到另外一侧。接下来的防御要视攻击方受到反击后的反应而定。

对于低位直线刺击的先发戳击

用枪口直接对攻击方的面部或喉咙进行戳击，继续用持续压制的攻击方式，包括击打持械手臂来迫使其放下武器，让攻击方丧失攻击能力。当然，如果长枪无法正常使用，应立刻排除枪械故障，或者使用副武器反击攻击方（在必要且合理的情况下）。

低位直刺的上步防御

与应对直线刺击的防御一样，同时运用闪避和格挡进行反击。

注意观察攻击方持握匕首型武器的方式以预测攻击线路。低位持枪戒备站姿，举起长枪，向对角线方向上步靠近攻击方。向下旋转枪身，利用枪身长度截断反击攻击方持械手臂的进攻。注意：如果是高位持枪的情况，这种防御的速度会有点慢，因为必须先降低长枪的高度，但是只要时机正确，这种防御还是容易完成的。

击打攻击方的持械手臂，使其顺着枪管滑落，继续向攻击方死区移动。改变其攻击方向后，立即用枪口戳击攻击方的头部或面部。

继续向攻击方的死区移动。如果背带不影响移动，那么可以衔接水平方向或者弧线方向的枪托击打方式。必要时继续用持续压制的攻击方式，或者拉开距离后立刻排除枪械故障，使用长枪攻击，或者使用副武器反击攻击方（在必要且合理的情况下）。

利用冲锋枪侧身防御直线刺击

这个防御方法是通过沿对角线方向上步并用冲锋枪进行格挡来防御低位直线刺击的。然后，防守方应立即开始进行反击，如直接戳击攻击方头部。

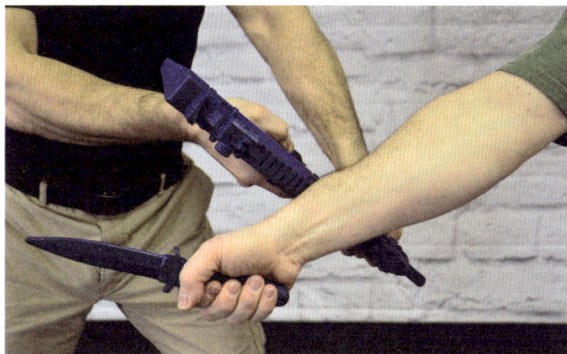

低位持枪戒备站姿，旋转冲锋枪身，利用枪身长度优势以冲锋枪顶部拦截攻击方的直线刺击。击打攻击方的持械手臂以让其顺着枪管滑落，继续向攻击方死区位置移动。在改变攻击方的攻击方向后，立即用枪口对其头部或面部进行戳击。继续向攻击方的死区移动，完成这个动作后可以衔接其他动作，如戳击和劈砍。必要时继续使用其他持续压制的攻击方式，或者拉开距离使用冲锋枪或副武器进行反击。

东方刺的直接格挡（非首选）

利用长枪可以有效格挡低位刺击（也适用于直线刺击）。前文有关低位直线刺击的防御实现了 2 个关键的战术目标：阻挡武器和避开攻击线。马伽术通常会将改变进攻方向和身体防御相结合。注意：如果长枪有短背带，那么这种防御方法可能就无法运用。

防守方将长枪朝垂直于刺击的方向移动来格挡持械手臂。然而要注意的是，匕首型武器离防守方的身体很近，而且仍然位于防守方前方，

因此该反击方式的作用非常有限。如果防守方佩戴凯夫拉头盔，那么头槌将是一种强有力的反击。

身后突然遭冰锥刺的防御

攻击方持匕首型武器从防守方后方或 6 点钟方向进攻，而且是明显的 −5 级状态。针对这类进攻的防御技术要求提前发现攻击方的进攻意图，在攻击方持械手臂落下之前转身拦截攻击方。

防御性后蹬踢

防守方发现危险立刻向后蹬腿，踢击攻击方裆部或腹部以阻止攻击。随后立即收腿，回到左架站姿或常用的射击姿势。

转换为长枪的防御性打击技术

防守方如果遇到突然袭击（−5 级状态），则必须迅速转身来避开攻击方的进攻。

防守方应立即转身避开攻击线。

转身避开攻击线的同时将长枪作为冷兵器，击打攻击方手臂。

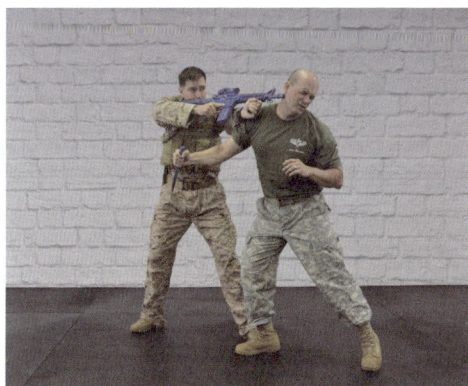

直接射击，或者将长枪作为冷兵器使用，拉开距离后进行射击。

还有一种情况需要了解：防守方如果被刺伤，则可以通过前滚翻转身以面向攻击方，然后用长枪射击。防御的目标是不被刺伤，但如果不幸被刺中，那么需要立刻逃离以防二次受伤。

防御后方偷袭（无演示图）

此防御方法类似于针对从后方空遭冰锥刺的防御方式，防守方利用中段侧踢攻击攻击方躯干或喉咙，阻止其攻击并转身射击。防守方如果没有准备好长枪，则可以收腿并转身，用其他踢法或拳法攻击。

长枪防御匕首型武器的划砍

引防御方法类似于针对冰锥刺和低位直线刺击的防御，可以使用先发制人的击打防御方法。

观察攻击方持握匕首型武器的方式以判断其进攻线路。在正确的时机下先发制人，用长枪枪管向前突刺，阻止攻击方的划砍。用枪口戳击其面部或喉咙。必要时继续使用其他持续压制的攻击方式，或者拉开距离后使用长枪或副武器反击。

长枪防御划砍

这种防御方法是针对长枪无法正常使用的，防守方需要避开攻击线，拦截攻击方的持械手臂并立即用枪管劈砍攻击方的喉咙或头部，然后进行其他方式的攻击，关键在于找准时机。再次强调，当持匕首型武器的攻击方对防守方构成致命威胁时，这种防御方式与前文的长枪防御平勾拳以及钝型物体防御平勾拳的技术几乎是一样的。

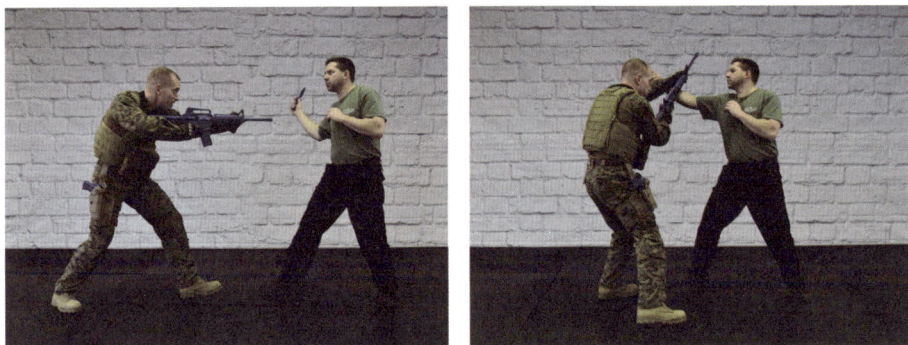

观察攻击方持握匕首型武器的方式以判断其进攻线路。持枪戒备站姿，发现攻击方的划砍意图后，右脚沿对角线方向上步，左脚跟随，避开攻击方的攻击。上步的同时用长枪拦截攻击方的持械手臂。

击打攻击方的持械手臂后立即劈砍其头部或颈部。完成这个动作后可衔接其他动作，包括水平或向上的枪托击打（有枪背带的情况也可以

运用）。必要时继续进行其他持续压制的攻击方式，或者拉开距离，创造使用长枪或副武器的机会。

长枪防御划砍（变化）

当长枪枪管较短、有前握把、背带短（或三者兼具）时，防御划砍的技术需要演变为枪口朝下拦截攻击方的划砍。

观察攻击方持握匕首型武器的方式以判断其进攻线路。低位持枪戒备站姿，双侧手臂前伸，尽可能让长枪远离自己，拦截攻击方的划砍。向前突进时，用倒置的长枪拦截攻击方的持械侧手臂。如果处于高位持枪戒备状态，防御技术和长枪防御划砍的技术相似。

击打攻击方持械侧手臂后，立即踢击或膝击攻击方裆部。

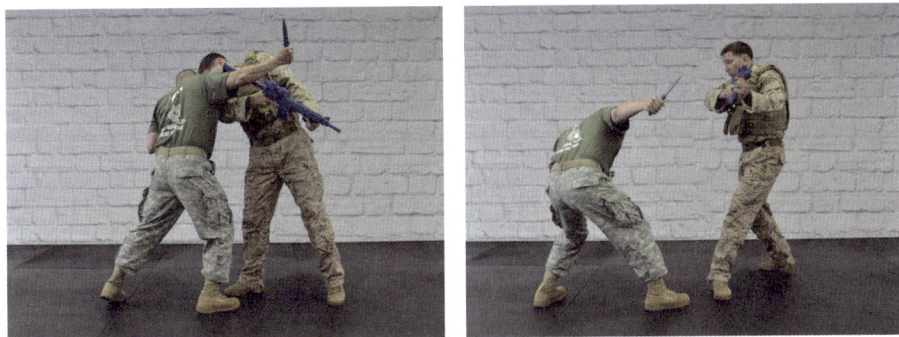

如果防守方佩戴凯夫拉头盔，那么可以用头槌攻击攻击方。完成这个动作后可以衔接多种攻击方式，包括水平或向上的枪托打击（有背带也能运用这种防御方法）。必要时继续使用其他持续压制的攻击方式。

拉开距离，创造机会使用长枪或副武器反击。

带有短枪管和前握把的长枪防御砍刀划砍

这种防御方法类似于防御匕首型武器划砍。防守方使用带有短枪管或前握把或短背带（或三者兼具）的长枪防御时，防御技术要相应做变化，即长枪枪口朝下拦截攻击方砍击。考虑到砍刀的长度和攻击范围，必须找准时机进行防御。

低位持枪戒备站姿，双侧手臂前伸拦截攻击方的划砍，尽可能远地伸出长枪。向前突进时，用倒置的长枪拦截攻击方的持械侧手臂。如果处于高位持枪戒备状态，防御技术和长枪防御划砍的技术相似。

击打攻击方的持械手臂后，立即以长距离攻击方式踢击其裆部。

除了前踢，如果防守方佩戴了凯夫拉头盔还可以进行头槌攻击。完成

这个动作后可衔接其他攻击技术，包括水平或向上的枪管劈砍（有背带也能运用这个方法）。必要时继续使用其他持续压制的攻击方式，或者拉开距离，找机会使用长枪或副武器进行反击。

先发制人，长枪戳击防御匕首型武器的反手划砍

与防御冰锥刺、低位直线刺击以及正手砍击类似，当长枪无法正常操作时，防守方应先发制人，对攻击方的头部进行攻击。

选择合适的时机，抢先防御反手划砍。用长枪枪口向前猛烈戳击攻击方的头部、面部或喉咙。必要时继续使用其他持续压制的攻击方式，或者制造距离，找机会使用长枪或副武器进行反击。

长枪防御反手划砍（面对面情况）

当长枪无法正常使用时，可利用其长度优势拦截进行划砍的持械手臂，随后直接使用戳击反击。

高位持枪戒备站姿，选择正确的时机用枪管砍击攻击方持械一侧手臂，拦截反手划砍。随后向前猛冲，用长枪进行戳击。

立即用枪口直接戳击攻击方的面部或颈部。必要时继续使用其他持续压制的攻击方式，或者制造距离，找机会使用长枪或副武器进行反击。

长枪防御长枪（当作冷兵器）

在马伽术中，步枪对步枪（刺刀对刺刀）的防御与许多其他格斗体系的类似，可谓英雄所见略同。这是马伽术训练中必不可少的部分。不过，专业的马伽术将低位踢击、格挡与长枪格斗进行了融合。选择正确的时机躲避攻击线和快速反击，随后使用其他的攻击方法是各体系的共通之处。

步枪（刺刀）防御步枪（刺刀）的直线戳击

如前所述，不断演变的马伽术体系包含了以各类型的长枪或冲锋枪作为冷兵器进行防御的技术，包括步枪防御步枪。

低位持枪戒备站姿防御攻击方的直线戳击时，沿对角线方向上步，同时以 30° ~ 45°角挡开攻击方的戳击，具体取决于上步的距离和角度。

防守方立即从格挡转为反击。改变进攻方向，用枪口戳击攻击方的喉咙或脸部，随后衔接其他的步枪和下肢攻击技术。必要时继续使用其他持续压制的攻击方式，或者拉开距离，找机会使用长枪反击。

步枪（刺刀）防御步枪（刺刀）的对角线劈砍

防御这种攻击时，防守方要沿对角线方向上步，举起自己的武器去拦截或反向砍击攻击方的持械手臂。

低位持枪戒备站姿防御这种对角线劈砍，防守方在拦截并格挡攻击方砍击的同时上步避开攻击线。从本质上来说，这就是利用反向砍击来拦截攻击方的攻击。另一个选择是把武器倒置，利用武器顶部的长度拦截攻击，随后继续进行反击。

立即从格挡防守转换为反击站姿。利用格挡的惯性以枪口戳击攻击方的喉咙或面部，随后利用步枪和下肢进行组合攻击。必要时继续使用其他持续压制的攻击方式，或者制造距离，创造机会使用长枪进行反击。

步枪（刺刀）防御步枪（刺刀）的水平枪托击打

防御这种攻击，防守方需要直接冲向攻击方，枪口垂直于地面方向进行拦截进攻，然后进行长枪击打或下肢攻击，直至最后过渡到组合进攻方式。

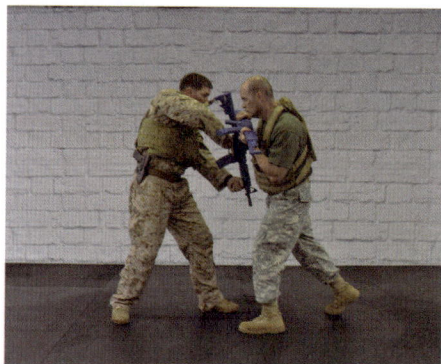

低位持枪戒备站姿，双侧手臂前伸拦截攻击方的推击，尽可能远地伸出长枪。向前突进时，用倒置的长枪拦截攻击方的武器。确保能移动双脚，并利用全部身体重量去拦截攻击方的击打。

用身体的全部重量向后压制攻击方。当攻击方向后退时，用武器直接对其头部进行戳击，或踢击攻击方裆部。完成这个动作后可以衔接其他攻击方式，包括水平或向上的枪管劈砍（有背带也能运用这个方法）。必要时继续使用其他持续压制的攻击方式，或者制造距离，让自己有机会使用长枪或副武器进行反击。

步枪防御步枪弹匣的击打（无演示图）

该防御方法与上一个步枪防御步枪水平枪托击打的防御方法几乎一模一样。防守方要直接冲向攻击方，枪口垂直于地面方向进行拦截攻击。接着使用长枪攻击或下肢击打，最后过渡到其他长枪攻击方式。

步枪防御向上的步枪击打

该防御方法与防御枪托水平击打技术类似。防守方拦截攻击方向上的枪托进攻时，以拦截的惯性力用枪口戳击攻击方的喉咙或面部，然后再使用其他的下肢攻击方式或者步枪击打方式。

低位持枪戒备站姿，双侧手臂前伸攻击拦截攻击方向上的枪托击打，尽可能远地伸出长枪。向前突进时，利用长枪的枪身长度拦截攻击方的砍击，或者踢击攻击方裆部。双脚向前移动，利用全部身体重量去阻止攻击方。

用身体的全部重量向后压制攻击方。当攻击方向后退时，用步枪直接对其头部进行戳击，或踢击攻击方裆部。完成这个动作后可以衔接其他攻击方式，包括水平或向上的枪管劈砍（有背带也能运用这个方法）。必要时继续使用其他持续压制的攻击方式，或者制造距离，以便有机会操作长枪或使用副武器反击。

第六章

徒手或手枪出现枪械故障时防御匕首型武器

利用无子弹或出现故障的手枪防御匕首型武器攻击

当防守方防御匕首型武器攻击时，若手枪无法使用，可运用马伽术中应对这种攻击的徒手防御方法，二者的防御策略基本相同。两种情境的不同之处在于，前者持有一个强大的短距离钝型武器，防守方一开始希望使用热兵器，但在攻击方攻击时其必须自动转换为冷兵器防御。

本章将展示一些常见的攻击案例，以及如何将手枪纳入防御体系，完整内容可以参考《马伽术武器防御》的第三章和第四章。对于本书中未描述的防御方法，只需用手枪击打代替徒手击打即可。

由上至下的匕首型武器攻击

手枪出现枪械故障或弹药耗尽时用前踢防御攻击方冰锥刺

典型的匕首型武器攻击之一是对防守方颈部的攻击，它遵循图勒原则[①]，即攻击方平均可以在 1.5 秒内跑完 21 英尺（6.4 米）。如果手枪无法使用，最好的解决方案是踢击攻击方裆部的同时结合身体防御，然后立即将手枪作为冷兵器进行反击。

记住，踢击裆部通常会让攻击方上身前倾，踢击躯干会使攻击方身体向后移动。

观察攻击方握持匕首型武器的方式以辨别其攻击方式。最重要的是，

---

① 业内也称为"21 英尺法则"。——译者注

当防守方意识到手枪无法使用而攻击方正在靠近时，要避开攻击线，避免被刺伤。

把握时机，避开攻击线，左脚（支撑腿）旋转90°，让右侧髋关节和全身最大限度地完成动作。上步旋转还可以运用滑步步法，然后用全身之力踢击攻击方，达到最好的反击效果。

正确旋转支撑腿，全力踢击裆部或腹部让攻击方无法保持稳定，使其持械侧手臂的肘部收回到躯干位置或向下远离躯干。马伽术的理念是驾驭和训练身体自然地运动，因此完成踢击后应自然收腿。这样做还有一个好处——立即收腿后可以避免被刺伤。

使用手枪击打攻击方头部，或者立即拉开距离，调整手枪后进行击发。

如果攻击方跳起来攻击，防守方应防御性正蹬攻击方胸部，让其后退，接下来立即用左腿踢击其裆部。根据具体情况，防守方可能还需要进行后续击打。

手枪刺击对抗匕首型武器冰锥刺（面对面）

这种防御方式是在避开攻击线的同时，直接攻击攻击方的面部或喉咙。尽管这种防御方式很有效，但也存在安全风险。该防御方式在很大程度上依赖时机，即攻击方开始攻击时防守方应上步避开攻击线。

如果手持短管手枪，防御可能会很困难。为了正确地进行防御，防守方必须把握时机，充分、准确地将枪管伸出，在攻击方伸出手臂之前对其进行有效反击。抵挡住最初的攻击后，继续进行反击。

观察攻击方握持匕首型武器的方式以辨别其攻击方式。避开攻击线，双臂收紧，随时准备向前推进手枪。注意：如果过早移动，攻击方将有机会调整攻击角度。

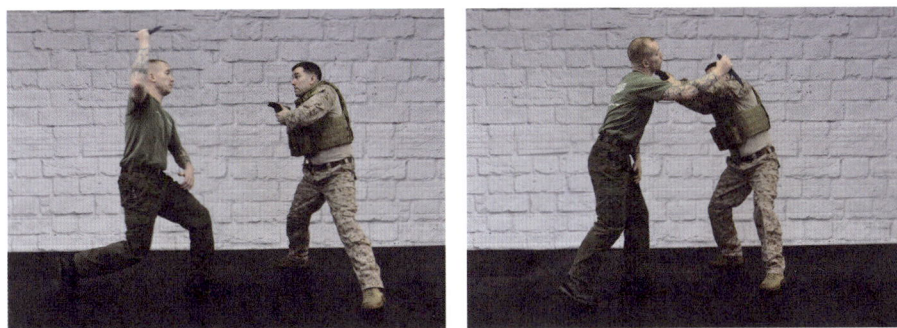

在攻击方完全伸出手臂前，用枪管刺向攻击方的面部或喉咙。

可以继续进行反击（如踢击），或者立即拉开距离，调整手枪至待发状态随时进行击发。如果攻击方因被反击而后退，防守方也可以向另一侧移动，远离攻击方持械手臂。与所有防御方式一样，后续动作取决于攻击方被击打后的反应。

制造距离，轻击弹匣、上膛，并寻找合适的射击角度。

手枪处于枪械故障时防御冰锥刺（面对面）

记住，马伽术中的防御不是单纯依靠力量，它适合每个人。当面对比自己体型更大、更强壮的攻击方时，如果不避开攻击线，即使拼尽全力，也无法抵抗攻击方的身体重量和力量。如果只是简单地进行"突进"，很可能会被刺伤或割伤。上步避开攻击线可以防守长匕首型武器或砍刀。防守方大力格挡时可能会出现手微微向上弯曲。重要的是要格挡攻击方的手腕附近，并保持与攻击方手臂的接触。格挡或向后进行反击，猛击攻击方头部。

观察攻击方握持匕首型武器的方式以辨别其攻击方式。最重要的是，在意识到手枪无法操作后应立即避开攻击线，防止被刺伤。在时间允许的情况下避开攻击线总是好的，但也可以直接进行肢体防御，也就是直接向前冲（而不是稍微向侧面和向前移动）去格挡攻击方的手臂，同时用冷兵器猛击攻击方面部。两种情况均为上步时伸出左手来格挡攻击方的手臂。上步击打时，将枪口朝向攻击方的面部或喉咙。

继续脚踢反击，或立即拉开距离（如演示图所示），将手枪调整至待发状态，并处于最佳射击位置。

拉开距离后，轻击弹匣，然后重新装弹。

寻找合适的射击机会。

手枪别在枪套中，应对勾拳或匕首型武器的攻击

这种变化用于防御冰锥刺击这种典型的匕首型武器攻击。当攻击方距离较近且不在踢击范围内时，也可以使用同样的方法来防御钩刺或水平划砍。这种防御方式基于防守方的本能格挡及躲闪，类似于防御平勾拳。值得注意的是，这种防御方式也可以对抗匕首型武器的冰锥刺攻击、钩刺或划砍攻击。在执法、安保领域，防御方法包括格挡或侧步的同时进行反击，然后立即瞄准并射击攻击方（前提是防守方的装备在右侧）。

格挡的同时拔出手枪并不是最佳策略，因为攻击方正以全速和全力进行攻击，还有可能反复行刺，而防守方还没有将其打晕。

这种情况非常考验防守使方用武器的能力，不幸的是，错误的防御策略对许多警察和安保人员带来了致命的后果。（如果配枪位于左侧，就必须使用另一种策略——因为左手必须阻挡和控制攻击方的持械手臂。）总之，这种防御方式可以与反击相结合，将攻击方暂时打晕，趁机拉开距离使用手枪反击。

防守方也可以直接格挡而不是避开攻击线，但这种防御变化需要把握时机，以足够的力量和身体重量来格挡攻击方的持械手臂。回想一下，马伽术中的"防御适合每个人，不是单纯依靠力量"的特点。

在下图展示的情景中，防守方为 –5 级状态。如果防守方为执法人员，当他意识到攻击方背后可能藏有武器时，有必要要求攻击方露出藏着的手。

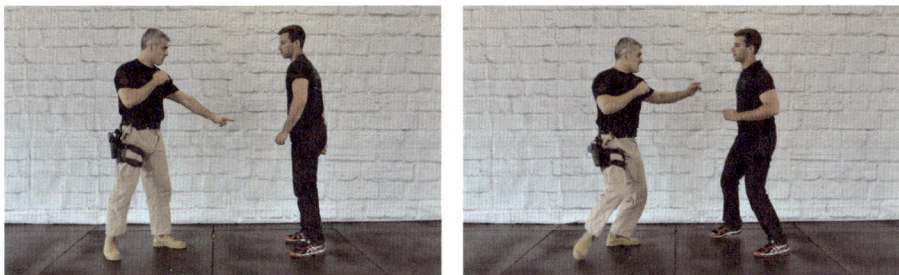

一旦发现攻击方手臂有向前的动作，防守方应立刻离开攻击线，防止被利器刺伤。如前所述，情况允许时，离开攻击线总是好的，但也可以直接进行格挡防御。谨记远离攻击。上半身远离攻击方试图进攻的位置。如果防守方需要猛冲向攻击方，就用全部力量去对抗。但马伽术强调的不是力量的相互对抗。这两种情况下均为迈步时伸出左手，劈向攻击方的手臂。

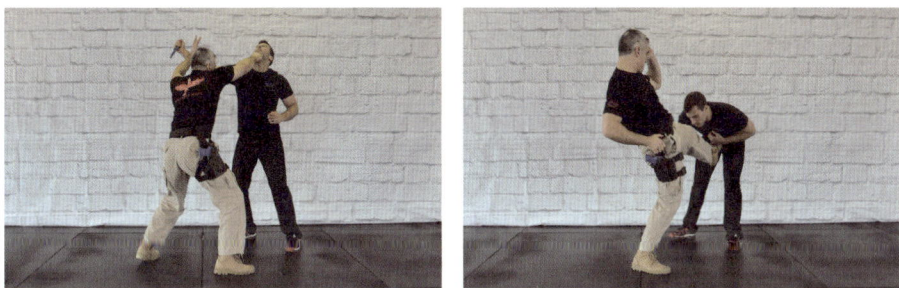

在避开攻击线并格挡攻击方的进攻手臂的同时，攻击攻击方的面部或喉咙。继续反击，前踢其裆部（最好用左腿，因为上步时重心在右腿上）。

如演示图所示，防守方应立即拉开距离，在射程内的合适位置使用手枪。

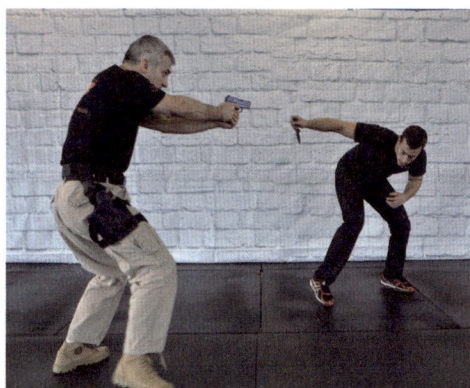

如果攻击方负隅顽抗继续攻击，必要时可开火。

再次强调，防守方摆脱与攻击方的身体接触后，可以用支撑腿旋转，用左脚立即快速有力地踢击其裆部。这是一个很好的选择，因为攻击方的手臂会在格挡手臂的作用力下反弹且很难控制。防守方右腿向前上步，重心放在右腿上，避开攻击线。随着重心转移，防守方左腿可以大力踢击攻击方的裆部，快速脱离的同时继续转身以远离匕首型武器。

手枪别在枪套中，应对匕首型武器或钩子的攻击

格挡的同时拔出手枪，虽然不是最佳防御方式，但对于一些武装人员来说是出于本能的选择。马伽术靠的是人的自然本能。当人面临致命威胁时，很可能出于本能拔出手枪。马伽术认识到了这一点并以此为原理。这种防御方式的缺点是，必须经过专业训练才能在致命攻

击的压力下顺畅地运用手枪。在 −5 级状态下运用手枪，对许多警察和安保人员来说后果可能是致命的。（注意：如果手枪位于左侧，必须变换防御技术。）

一旦发现攻击方手臂有向前的动作，防守方应立刻避开攻击线，以防被刺伤。如前所述，情况允许时要优先选择避开攻击线，但也可以直接进行格挡防御，即直接向前冲，格挡攻击方手臂的同时将手枪当作冷兵器猛击攻击方的面部。这两种情况均为上步时伸出左手，旋转并格挡攻击方的手臂。

避开攻击线后掏出手枪，并在必要时射击，可以采用惯用的定点射击方法。射击时一定要抬起另一只手臂，以防被刺伤。

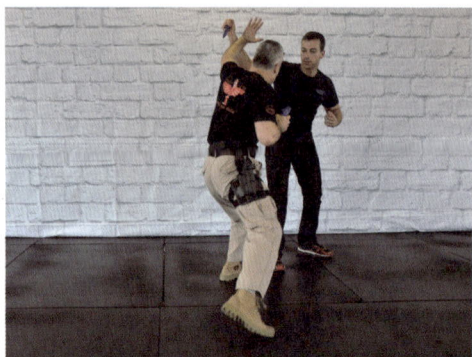

这里一定要注意，即使防守方已经开枪击中攻击方，攻击方仍有可能继续试图行刺。防守方应保持防守一侧手臂向上，立即拉开距离（如演示图所示），继续射击，直到消除威胁。

注意：在徒手防御（没有手枪作为冷兵器进行格斗）中，防御技术完全相同，只是改为用拳法攻击攻击方的面部或喉咙。在这种情况下，防守方不要放开攻击方的持械手臂，在接近攻击方时进行缴械或使用反关节控制其武器(参见《马伽术武器防御》的第一章"控制技术综述")。当被突然攻击时，防守方应避开攻击线，猛击攻击方眼睛或掌击攻击方耳朵也是可选的防御方式。在运用180°后撤步转体步法避开攻击的同时，使用手枪反击。

配有枪套的手枪：运用"L"形格挡和手枪防御直刺

这种防御方式可阻止另一种典型的匕首型武器攻击——直刺身体。手枪在枪套中，你处于"-5级"状态中，不知道攻击方背后藏有什么武器（尽管你希望攻击方露出双手）。

你应用左臂引导身体，朝侧面上步的同时改变攻击方手臂的直线轨迹。防守手臂弯曲约70°来改变攻击方直刺的方向，同时，向左迈步（10～15厘米）并引领身体的防御动作（与大多数马伽术防御方法一样）。

这种变化了的防御方式并不是不受控制地拍击或抓住攻击方的手

臂——这是刚学习马伽术时的一个常见错误。利用防御手臂整个前臂至小指的长度来改变攻击方的直刺。完成这个动作需要手腕向外旋转，因此当防守方与攻击方的手臂接触时，防守方左手拇指随小臂转动指向斜前方，从而改变攻击方的施力方向。

　　在格挡之后，防守方应与攻击方的手臂保持接触。然而，攻击方很可能会收回手臂，防守方则可通过弯曲左手勾住攻击方手臂，左手拇指协助发力，尽力勾挂攻击方的前臂，对其进行控制。将攻击方手臂压在其攻击躯干上，同时掏出手枪。记住，改变方向所产生的惯性可能会使防守方处于攻击方的死区位置。因此，防守方不要放开攻击方的持械手臂，如果无法固定攻击方手臂，则继续使用持续压制的攻击。防守方应及时让自己身处匕首型武器的攻击弧线内（通常是防御背刺或背砍）进行反击，并确保自身安全。

　　简言之，防御目标是避免被刺伤，移动到攻击方死区并掏出手枪。

观察攻击方握持匕首型武器的方式以判断其攻击方式。若发现攻击方手臂有向前的动作，防守方应立即避开攻击线，避免被刺伤。侧跨步时用左臂引导身体，格挡攻击方手臂的直线攻击。

同时进行侧步和变向（注意旋转偏转手臂）时掏出手枪，当作冷兵器进行防御，格挡攻击方手臂并打击面部。注意：这一防御技术的替代方法是侧身以躲避攻击方的武器，同时徒手击打攻击方头部。然后，继续向攻击方死区移动，推开攻击方，制造使用手枪的时机和距离。

在拉开距离的过程中，如果攻击方不服从指令或坚持攻击，必要时可以开火。

防御低位直刺时，防守方应该通过屈膝将重心降至与攻击方的平齐。谨防攻击方一开始假装低位动作然后突然刺向高处。持械的假动作很难防御。防守方必须确保身体姿势准确，并且对最常见的武装或非武装假动作攻击方式有充分了解。

配有枪套的手枪：侧步并掏出手枪防御向上的刺击

当攻击方持匕首型武器处于低位时，使用该防御方式可以阻止一种典型的匕首型武器攻击——对身体的低位刺击（类似于防御直刺）。它与"L"形格挡防御在2个方面略有不同：一是格挡动作是"L"形防御的第 2 个动作（手臂轻微切砍或旋转），二是使用该防御方式的防守方在掏枪前应先击打攻击方头部。这两种防御技术的目标都是避免被刺伤的同时移动到攻击方死区并使用手枪反击。（这两种防御方式——立即掏枪和击打并掏枪都很重要。）

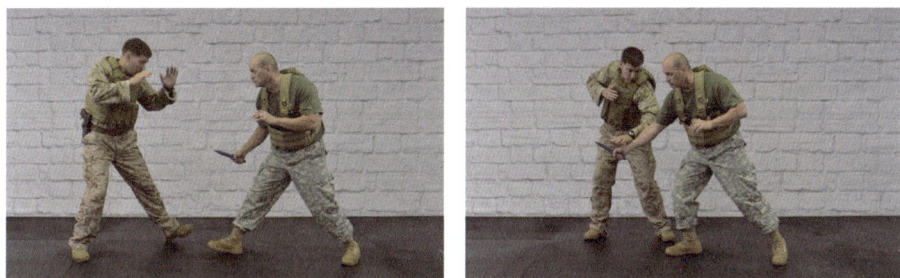

观察攻击方握持匕首型武器的方式以辨别其攻击方式。再次强调，发现攻击方手臂有向前动作时，防守方应立即向斜前方迈步，同时用倾斜的前臂格挡武器来改变攻击方的攻击方向，同时重击攻击方的头部。用左臂引导身体，在侧步时格挡攻击方向上移动的手臂。有角度的格挡使格斗手臂保持在攻击方手臂的上方并形成"V"字形，同时固定住了攻击方的手腕。格挡手臂的目标位置在攻击方的手腕上方，即佩戴手表的位置。

防守方同时进行侧步和格挡时，不要松开攻击方的持械手臂。利用反击击晕攻击方，创造射击机会。注意：这一防御技术的替代方法是侧步并改变攻击方武器的方向，然后徒手攻击攻击方的头部。继续向攻击方死区移动，将攻击方推开以获得使用手枪的时机和距离。

手枪就位，必要时射击。

手枪无法使用时防御匕首型武器划砍

另一种常见的匕首型武器攻击方式是划砍颈部。以下防御方式依赖于身体防御和移动。在攻击方向前划砍时、刀刃挥向颈部时，防守方应立即进行反击，即先向后移动避开匕首型武器，然后立即向前移动，用手枪猛击攻击方头部。然后，防守方继续向攻击方的死区移动，持续进攻，直到手枪恢复正常使用状态。

观察攻击方持握匕首型武器的方式以判断其攻击方式。防守方应使手枪处于准备状态，当看到匕首型武器向前移动时，抬起前脚掌向后移动，远离匕首型武器。

刀锋从面前划过后，防守方应立即将重心移回前脚，向攻击方移动的同时准备用手枪猛击攻击方头部。双臂呈"A"字形以防御攻击方向后回砍。

向前突进，用手枪攻击攻击方头部，后退，使手枪处于待发状态；也可以用左臂格挡，同时徒手攻击攻击方头部。（关于徒手攻击的技术变化，参见第七章中的"防御两名持匕首型武器的攻击方——变化3"）

防御反握匕首型武器的划砍——用出现故障的手枪进行刺击

该防御方式类似于防御划砍。防守方在正确的时机后撤，避开划砍攻击。攻击方继续进攻，通常会有一个反身回刺，因此防守方撤退后应立即果断用手枪反击，阻止其进攻。

观察攻击方持握匕首型武器的方式以辨别其攻击方式。防守方应使手枪处于待发状态，看到攻击方向前划砍时抬起前脚掌，向后移动、远离匕首型武器。

刀锋从面前划过后，防守方应立即将重心移回前脚，冲向攻击方，同时用手枪击打攻击方头部。双臂呈"Ａ"字形用于防御攻击方向后的划砍。向前突进，用手枪击打攻击方头部。继续攻击，或后撤并使手枪处于待发状态。也可以用左臂挡住攻击方的反身回劈，同时徒手攻击攻击方头部。（关于徒手防御的动作变形，参见《马伽术武器防御》。）

注意：这种防御方式和使用警棍或其他匕首型武器防御向后划砍的方式是一样的，只是采用了不同的反击和缴械技术。

用无法操作的手枪以身体防御对抗向后划砍

这种防御方式与前面两种类似，即向后划砍时撤退，然后靠近拦截前劈。（参见《马伽术武器防御》，其中的演示图为这种防御方式的徒手版本。）

观察攻击方持握匕首型武器的方式以判断其攻击方式。防守方应调整
手枪至待发状态，一旦察觉到攻击方攻击，抬起前脚掌，向后移动、
远离匕首型武器。

刀锋从面前划过后，防守方应立即将重心移回前脚，冲向攻击方，同
时用手枪攻击其头部。向前冲击的过程中注意避开攻击线，用近侧臂
拦截划砍。

向前猛冲，格挡接下来的划砍，同时用手枪击打攻击方头部。

踢击攻击方的裆部，然后撤离，使手枪处于待发状态。

手枪在枪套中：防御向前的划砍

从技术上来看，这种防御方式类似于在手枪无法使用时防御冰锥刺攻击（面对面）。此时，防守方处于 –5 级状态，枪支在枪套中，不知道攻击方背后藏有什么武器（尽管希望攻击方露出双手）。察觉到攻击方的攻击意图时，防守方应立即避开攻击线，这对防御向前的划砍极为关键。当攻击方使用幅度较小的动作划砍时，防守方应确保攻击方进行划砍的手臂的肘部与其身体紧贴尤为重要。如果直接突进防御，则会被划伤。

如前所述，最好先击打攻击方的头部暂时阻断其继续攻击的能力。然而，在这个防御变化方式中，需要关注的是攻击方伸手拿随身武器的动作。也就是说，这种防御方式基于本能反应，允许防守方同时完成防御和攻击。

正如前文所说的，在防御冰锥刺时最重要的是避开攻击线，然后控制攻击方的攻击手臂。再次强调，在避开攻击线后将攻击方的手臂向后拉进行攻击有两个目的：一是防止攻击方再次进行刺击，二是确保防守方能够定点射击。注意：在极近的距离内，防守方必须采用最快的拦截或格挡方式，即用肘部顶住进行防御，同时拔出手枪准备定点射击。

观察攻击方持握匕首型武器的方式以判断其攻击方式。一旦看到攻击方的手臂向前移动，防守方立即避开攻击线，防止被匕首型武器刺伤。如前所述，在条件允许时最好的选择是离开攻击线，但也可直接进行格挡。两种情况均为迈步时伸出近侧手臂，格挡攻击方的进攻手臂。

迈步的同时掏出手枪并射击，一定要保持防御手臂抬起，以对抗攻击方持续的攻击。

保持防御臂抬起的同时拉开距离，继续保持合适的射击角度。如果攻击方不服从指令或坚持攻击，必要时则可射击。

注意：距离极近时，防守方必须采取最快的拦截或格挡方式——将该防御方式与同时拔出手枪和定点射击结合起来（参见《马伽术武器防御》）。危险的砍杀攻击种类繁多，如果最初的防御未控制住武器，那么在格挡匕首型武器后必须进行最合理的攻击。直接反击时，防守方须尽快控制匕首型武器。

匕首型武器抵住人质颈部的劫持控制

劫持人质情况下，消除劫持者所持匕首型武器的威胁

在没有其他选择（如击毙）的情况下，防守方只能试图消除匕首型武器的威胁。防守方可以从后方进行缴械，结合180°后撤步转体步法使用特定的匕首型武器缴械技术，要尽可能无声地接近。注意：劫持者可能会看到影子或听到脚步声，因此防守方需要找准时机精准实施。应对惯用右手的劫持者时，防守方在尝试缴械之前由右脚迈出最后一步，利用180°后撤步转体步法夺下武器。

防守方左脚与劫持者的腿平行。左手控制住劫持者的左手腕，同时右手使用指关节对指关节的握法固定劫持者的手背。两只手必须同时钳制住劫持者的右臂。

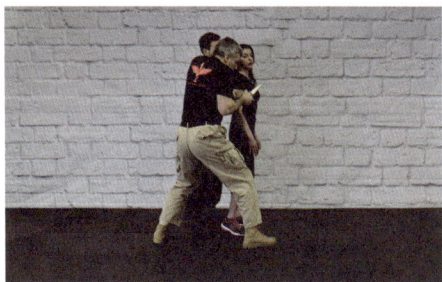

钳制住劫持者后，右腿立即向前迈进，执行 1 号反关节技术将其摔倒。运用反关节和 180° 后撤步转体步法的力量将匕首型武器向后掰开，使其远离人质的脖子或喉咙。动作要精准，必须将刀刃果断地从人质颈部移开，并完全控制住劫持者的持械手。

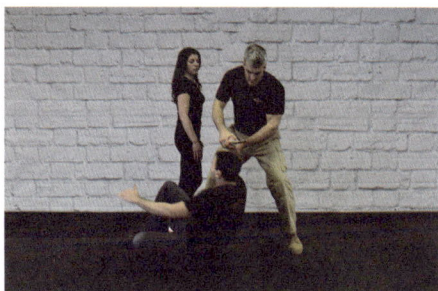

使用 1 号反关节技术后，肘部尽可能靠近自己身体以控制匕首型武器，使匕首型武器远离自己并指向劫持者。将劫持者的食指推向他同侧的肩膀。左腿做 180° 后撤步转体步法。

在必要时踢击劫持者头部，同时通过向前和向下击打他的手腕来缴械，夺过其匕首型武器。

第七章

多个攻击方

街头暴力是变化无常和不可预测的，尤其是有多人参与攻击的情况下。面对多名攻击方，尤其是多名武装攻击方是极其危险的。你要尽快认清形势，例如，两个人向你走来时突然向左右两边散开，逃跑是最好的办法。

如果无法逃脱，必须遵守两条基本规则：一是不要使自己置于两个或更多攻击方之间；二是不要倒地。防御多名攻击方的战术是向侧翼机动。如果一名攻击方从左边或右边发起攻击，那么对抗过程中要确保他始终在你和其他攻击方之间。如果面对三个或更多攻击方，即使被中间的攻击方攻击，你仍然要移动到侧翼。如果采取防御措施会使自己处于两个或更多攻击方之间，那你千万不要进行对抗。技术和战术不会改变，但必须及时调整防御措施，尽可能长时间和频繁地使面前的攻击方挡在其他攻击方前面。

在防御多个攻击方时，伊米和哈伊姆强调使用最优攻击手段来削弱攻击方。无论使用踢击、拳击、肘击、膝击、攻击眼睛中的哪一种攻击手段，击打技术必须奏效。防守方必须最大限度地发挥自己的力量，削弱攻击方、使攻击方丧失行动能力，然后做好应对下一个攻击方的准备。如果其中一个攻击方被迅速而果断地解决，他的同伙会重新考虑是否继续对抗。当然，这也可能加强攻击方的迫害动机。防御准则是多人攻击对防守方的生命构成严重威胁并采取相应的行动。

一种策略是先干掉团体头目，这会削弱攻击方团体继续对抗的意愿，其他人可能会仔细考虑是否继续攻击。

防守方必须保持稳定站立状态，避免摔倒或被拖拽。如果摔倒，防守方必须立即起身。随形势发展和需要背靠坚固的物体，以防有人从背后袭击，但这样会妨碍行动力，因此防守方在必要时才能采取这种做法。

最重要的是保持移动，不要留给攻击方固定的目标或进行配合攻击的机会。演示图无法体现不断移动的过程，但读者要想象防守方一直在移动，并在对自己最有利的时刻与攻击方交战。

　　与多个攻击方（武装或非武装）对抗的关键是高效地一次解决一个攻击方。再次强调，不能被夹在两组攻击方之间。防守方与一个攻击方交手后应迅速解除其所持武器的威胁，最好移动到攻击方死区，这是应熟练掌握的关键技术。制服面前的攻击方，并立即对抗下一个攻击方。尽量将面前的攻击方置于本人和其他攻击方之间，将他作为屏障来保护自己，争取时间，获取攻击机会。

　　注意：本章中的所有情境都假定防守方徒手进行防御，不能使用自己的武器，也没有机会使用武器。

一名防守方防御三名攻击方（全部徒手）

　　防守方不要让攻击方包围自己或将自己置于他们中间。保持移动，防守方是攻击方的目标，显然移动的目标比静止的目标更难击中。

左架站姿开始，先对抗左边最近的攻击方（A1）。以格挡的同时反击的方式来防御直拳。

反击 A1 的同时立即准备对抗 A2 和 A3 的攻击。A3 距离防守方更近，当 A3 接近时，用右腿踢击其裆部。注意：防守方不要被包围，因为 A3 仍会从侧面进攻。

A2 正在迂回移动，准备发动攻击。

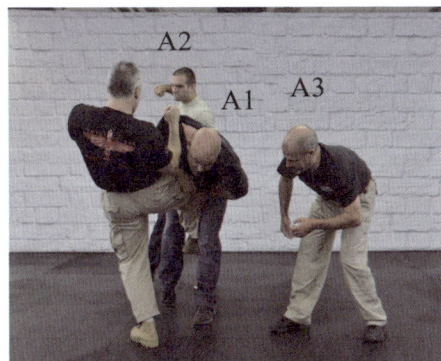

前踢 A1 裆部让其失去战斗力，同时持续关注 A2 的动作。使用内侧 "L"

形格挡来防御 A2 的直拳。

防御 A2 的攻击时须立即反击劈砍其颈部。继续移动，与被击倒的攻击方（A1 和 A3）拉开距离，并保持远离中间位置。

继续远离其他攻击方，膝击 A2 的裆部，进一步解除威胁。逃脱。

团队防御多个攻击方

如果一个人和同伴一起对抗多名攻击方，对抗原则与一人对抗多名攻击方的基本相同，不同之处是有队友共同进行反击。防守方 D1 和防守方 D2 必须配合进行反击。例如，如果 D1 对抗离自己最近的攻击方（A1），那么 D2 应绕到 D1 后面助其反击 A1。有两名防守方时，防御策略应该是两人同时对抗同一攻击方，然而做到这一点是有难度的。或者，一名防守方与其中一个攻击方对抗，另一名防守方移动到

同伴的后方，进行助攻或与邻近的攻击方对抗。在以下演示图中，D1
和D2共同削弱A1的战斗力后，转移到下一个攻击方（A2）的侧面。
继续对抗，直到消除威胁或D1、D2能够逃脱。D1和D2尽量不要被
分开。例如，在D2与另一组攻击方对抗时，除非必要，否则D1不可
与多个攻击方作战。如果被迫分开，那么在防御过程中，D1和D2仍
应尽一切努力汇合。

距离防守方最近的攻击方（A1）向D1发起直拳进攻，D1使用滑挡防
御进行反击。

D2跟随D1并立即绕到D1后面，准备对抗此时距离最近的攻击方（A2）。

D1 侧踢另一侧邻近的攻击方（A3），而 D2 则通过踢击距离最近的攻击方进行防御。

D2 用拳法攻击最后一名攻击方 A4，并准备与 D1 一起逃脱。

D1 进一步削弱 A1 的攻击力后与 D2 一起逃脱。

防御多名持冷兵器的攻击方

多名持冷兵器（钝型武器和匕首型武器）的攻击方是危险的，逃跑肯定是最好的办法。与防御多名徒手的攻击方类似，如果无法逃跑，那么应遵守 2 条基本防御原则：一是不要使自己置于 2 个或更多攻击方之间，二是不要倒地。

防御多名攻击方的战术始终是向侧翼移动。如果攻击方在左边或右边发起攻击，过程中要确保对方在自己和其他攻击方之间。一般的策略是向攻击方的死区移动，立即削弱其战斗力，并根据缴械情况对抗第 2 个攻击方。

防御 2 名持钝型武器的攻击方

左架站姿开始。防御 2 名持有钝型武器的攻击方时同样遵循马伽术中的一般战略——先对抗距离最近的攻击方。

防御从距离最近的攻击方（A1）移动开始。

为了防御由上至下的钝型武器攻击，防守方应身体前倾并收紧下颌，右手臂进行变向防御的同时，近侧腿向 A1 上步。

当钝型武器从自己肩膀滑过，后腿向前上步，变向手臂与 A1 的手臂须保持接触。

旋转变向手臂，顺着 A1 的手臂下滑并保持接触，直至控制住 A1 手腕将其手臂锁定，同时另一侧手臂出直拳反击对方头部。最好的缴械方式是用右腿迈步（180°后撤步转体步法），把钝型武器从 A1 的手上夺

下来，过程中要始终看向对方。

夺过 A1 的武器后，开始防御第 2 个攻击方（A2）的钝型武器攻击。

防御 A2 可进行弧线踢击反击，最好是用脚掌踢其裆部。

必要时使用夺来的钝型武器继续制服或警告攻击方。

一名攻击方持钝型武器、另一名攻击方持匕首型武器的防御

在这种情况下，相比匕首型武器，如果持钝型武器的攻击方距离防守方更近（或者二者与防守方的距离相同），那防守方先对他展开防御可能会更好。先用马伽术中的钝型武器缴械技术，然后用夺来的钝型武器对抗匕首型武器的攻击（如第四章所述）。

观察距离最近的攻击方（A1）持握钝型武器的方式以判断其攻击方式，并向 A1 移动进行防御。防御由上至下的钝型武器攻击时，身体前倾并收紧下颌，向 A1 上步移动，近侧手进行变向防御。当钝型武器从防守方肩上滑过后，防守方后腿向前上步，变向手臂须始终与 A1 的手臂接触。

翻转变向手臂并沿 A1 的手臂下滑，保持接触直到控制武器。抓住 A1 的手腕将武器锁定，同时用直拳反击其头部。

用右脚做迈步 180°后撤步转体步法，夺取 A1 手中的钝型武器，过程中紧盯第 2 个攻击方（A2）。

用夺取的钝型武器拦截 A2 的匕首型武器攻击。

以扫踢动作防御 A2 的冰锥刺，最好是用脚掌踢 A2 的裆部。

必要时使用夺取的钝型武器继续攻击 A1，或者持续攻击 A1，如踢击
其裆部。

一名攻击方持钝型武器、另一名攻击方持匕首型武器的防御——变化 1

观察距离最近的攻击方（A1）持握钝型武器的方式以判断其攻击方式。
战术仍为向 A1 移动进行防御。防御由上至下的钝型武器攻击，身体前
倾并收紧下颌，向 A1 上步移动，近侧手进行变向防御。当钝型武器从
防守方肩上滑过，防守方后腿向前上步，变向手臂与 A1 的手臂保持接触。

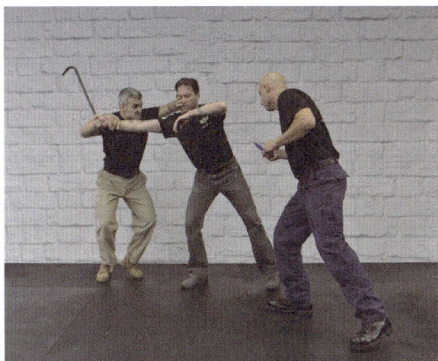

旋转变向手臂，顺着 A1 的手臂滑下，保持接触直到抓住 A1 的手腕。

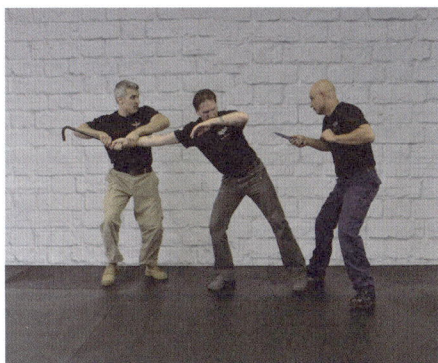

将 A1 的手臂锁定，同时用手指戳其眼睛进行反击。用左手锁定 A1 的右手腕，将右手从 A1 手腕上移开，并锁定武器。

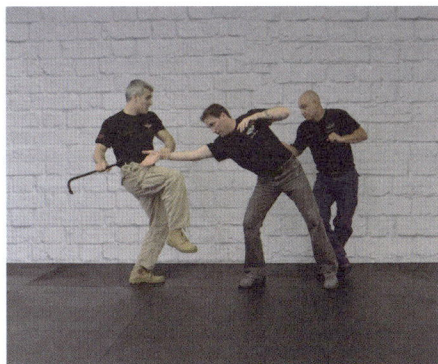

右手抓住武器并以右膝攻击 A1 手腕，同时将钝型武器向下拽以缴械。缴械后，面向 A1 并远离第 2 个攻击方（A2）。

锁定钝型武器，准备对抗 A2。

侧面上步避开 A2 的直刺攻击，同时猛击 A2 的手臂。必要时继续使用夺来的钝型武器攻击 A2。

一名攻击方持钝型武器、另一名攻击方持匕首型武器的防御——变化 2

如果持匕首型武器的攻击方距离更近或先进行攻击，那么防守方应先防御并夺取匕首型武器。在生死攸关的情况下，防守方只需简单调整防御钝型武器的战术，使用匕首型武器来防御钝型武器。

观察攻击方持握匕首型武器的方式以判断其攻击方式，向距离最近的攻击方（A1）移动进行防御。

侧步移动进行身体防御，同时倾斜前臂改变武器的攻击方向，攻击 A1 的头部。格挡手臂越过 A1 手臂并形成"V"形夹角，同时锁定 A1 的手腕。格挡手臂压在 A1 的手腕上方，即佩戴手表的位置。

格挡和反击同时完成，在不中断接触的情况下锁定 A1 的手腕，同时反击手臂使用 1 号反关节技术进行缴械。

用反关节技术进行缴械时，使用掌根，将指关节放在 A1 指关节上，然

后配合臀部和上半身旋转 A1 手腕。破坏 A1 手腕稳定性后，手指于 A1 手掌内包住武器握柄进行缴械。保持面向 A1，同时远离第 2 个攻击方。

锁定匕首型武器并使用由上至下的棍棒防御技术，必要时结合武器刺击（不是拳击）。

防御两名持匕首型武器的攻击方

观察攻击方持握匕首型武器的方式以判断其攻击方式，向距离最近的攻击方（A1）移动，开始防御。

一旦发现 A1 的手臂向前移动，防守方应立即上步避开攻击线，用"L"

形格挡防御匕首型武器攻击。在侧步时由左臂防御引导身体移动。改变 A1 的攻击方向后立即靠近，并击打其头部。通过正确地移动重心、旋转髋关节和放置手臂来形成最大的作用力。

击打 A1 的头部并向其身后移动，用 1 号反关节技术进行缴械。

缴械后，必要时使用夺取的武器削弱 A1 的战斗力。保持面向 A1，同时远离 A2。当 A2 试图攻击时，猛击其手臂并离开攻击线。必要时继续使用持续压制的攻击方式。

防御两名持匕首型武器的攻击方——变化 1

情境 1：防守方必须防御两名持匕首型武器的攻击方。

观察攻击方握匕首型武器的方式以判断其攻击方式，向距离最近的攻击方（A1）移动开始防御。向 A1 的死区移动，向左侧迈步的同时右臂进行外部防御。左臂保持防御姿势。

用力外旋以改变 A1 的攻击方向。然后，侧步并抬起左手，变换防御手。旋转左臂成"L"形进行格挡防御。

左臂向下控制 A1 的持械手臂，同时右手用力击打 A1 头部。然后，使用 1 号反关节技术缴械，面向 A1 的同时远离第 2 个攻击方（A2）。

夺取武器后，必要时用它攻击 A1，削弱其战斗力。

使用匕首型武器进行格挡防御和划割 A2 的手臂，防御钩刺攻击。如果有必要，继续使用匕首型武器攻击 A2。

防御两名持匕首型武器的攻击方——变化 2

情境 2：防守方必须防御两名持匕首型武器的攻击方，攻击方 A1 反手持握武器，攻击方 A2 正手持握武器。

观察攻击方如何持握匕首型武器以判断其攻击方式。从向距离最近的

攻击方（A1）移动开始防御。

侧向上步完成身体防御，前臂弯曲一定角度进行变向防御，同时用另一只手臂击打 A1 的头部。格挡手臂成一定角度，并且与 A1 的进攻手臂形成"V"字，锁定 A1 的手腕。格挡手臂位于 A1 的手腕上方，即佩戴手表的位置。

完成格挡和反击之后，与 A1 保持肢体接触，进行反击的手臂锁定 A1 的手腕并使用 1 号反关节技术缴械。面向 A1，并远离第 2 个攻击方（A2）。

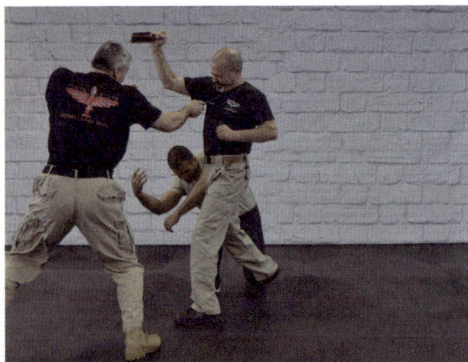

必要时使用夺取的武器来防御 A2 的攻击。

防御两名持匕首型武器的攻击方——变化 3

情境 3：防守方必须防御两名持匕首型武器的攻击方，两人都是反手持握武器。

观察攻击方如何持握匕首型武器以判断其攻击方式。图示情况下，距离较近的攻击方（A1）手持武器先发起进攻。防守方应通过保持手臂抬起（手掌朝向自己）、以前脚的脚掌为支撑并后倾进行身体防御。

避开划砍，在匕首型武器划过后突入，挡住 A1 的持械手臂。

保持双手抬起进行防御，拉近与 A1 的距离后以左臂格挡干扰 A1 的持

械手臂，用滑拳进行反击。

膝击 A1 的腹部或大腿，同时用反击侧手锁定 A1 的手腕，运用 1 号反
关节技术缴械。

保持面向 A1，同时远离第 2 个攻击方（A2）。必要时使用夺取的武器
防御 A2 的直刺攻击。

判断是否需要做进一步的反击。

第八章

武器防御

马伽术的缴械理念

人类大脑在处理多个刺激或思考多个问题时，反应速度就会变慢。缴械攻击方挥动的手枪或长枪的最好时机是其注意力不集中的时候。当然，在防守方试图缴械的时候，攻击方会认为这是致命威胁并进行殊死搏斗。枪械是根据人体工学设计的易于操控的武器，在双手握枪的情况下缴械的难度尤其大。因此，从攻击方身后或者至少移动到其死区缴械是最好的方式。

在任何情况下进行枪支变向防御，攻击方都会本能地扣动扳机。因此，防守方确保武器不会威胁自己的安全是首要任务，同时通过攻击攻击方的眼睛、喉咙、裆部和其他次要目标来压制攻击方。马伽术技击必须果断而高效，尽可能保护枪支，减少周边人群中弹的机会。

记住，攻击方的本能反应是收回枪并扣动扳机。因此，防御策略必须包含动态战术。动态战术研究的是对枪支（或任何其他类型的武器）进行变向防御时，攻击方因条件反射而产生运动模式以及对此类运动模式的反制措施。再次强调，防守方必须在攻击方的死区位置避开攻击线。

根据马伽术的标准操作程序，夺取攻击方的手枪后，防守方如果有配枪则应该立刻转为使用自己的枪支。如果防守方需要使用缴获的武器，则应该从底部（握把的插入点）轻敲弹匣，然后将手枪平行于地面转动，以检查退弹孔并重新上膛。防守方应改变枪口方向并控制手枪后，将其旋转90°，利用重力作用弹出可能卡在手枪内的弹壳。如果没有进行敲击和旋转手枪，防守方应该仍然认为手枪是待击发状态，或者是可作为冷兵器格斗使用。

注意：本章中的所有防御技术都假定右手持枪。

枪支防御的 4 个核心原则

对持枪攻击方进行缴械是极其困难和危险的。在确保已经进行了所有合规的防御操作，并且除了缴械外别无选择的情况下，必须遵循马伽术的四大武器防御核心原则。

①改变枪口方向与身体防御相结合。

②尽可能控制枪械，向攻击方死区移动，同时打击和消除攻击方的威胁。

③了解运动时间——在开始缴械的瞬间持枪者会做出什么反应。

④缴获攻击方的枪支并保持距离，同时保持对枪支的控制。

攻击方可以在各个角度和高度使用枪支。以下缴械技巧涵盖了劫持人质及随机犯罪场景中常见的枪支位置和角度。

马伽术的宗旨是利用核心技术和原则来适应环境。防守方如果发现自己处在本书没有提到的场景，那么就以枪支防御的 4 个核心原则和常识为准进行防御。防守方可能会发现攻击方用杂志、报纸或衣服隐藏枪支，防御原则保持不变，但此时必须考虑手枪的握持方式以及如何有效控制手枪。因此，防守方必须调整缴械技术来应对这种情况，如移除手枪的遮挡物（参见《马伽术武器防御》）。此外，在缴械过程中，攻击方很可能会本能地缩回手臂，因此防守方必须掌握运动时间，即在任何缴械技术中，双方身体对外界刺激所做出的本能反应。

注意：在所有的枪支防御，在缴械过程中，持枪者可能会收回枪支并扣动扳机开火。

在本章的演示图中，为了防止受伤，人员持握手枪时手指通常不放在扳机上。必要时，持枪者会将手指放在扳机上展示具体的缴械技术。练习这些技术时，与搭档沟通并决定是否将手指放在扳机上。

手枪可见且在攻击方的前侧腰部时的防御

持枪的攻击方会通过暗示或暴露手枪进行威胁。

意识到威胁时，防守方应立即做出反应，接近攻击方，控制其持械手并重击攻击方。

果断地将攻击方的持械手按在其身上，控制手枪的同时猛击其头部。注意，在缴械之前，必须先用有效的攻击手段削弱攻击方战斗力。

重心放在左腿，将左手臂压在攻击方的右手腕上，同时用右手按住攻击方的手背以锁定手枪。双手牢牢地锁定攻击方的右手及右手腕。抬起右腿，用力撞击攻击方腿部，完成大外刈的摔法。

摔倒攻击方的过程中确保手臂始终控制手枪。

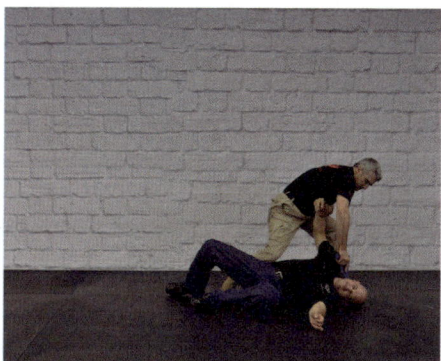

取下手枪，必要时可使用。

注意：1 号正面防御手枪技术可参见《马伽术武器防御》。

手枪在攻击方后腰带时的防御

防守方在遇到攻击方向背后伸手从后腰带处掏枪（或其他武器）的威胁时，一种防御方式是踢击攻击方裆部，然后靠近。该防御方式可以通过拉近距离并膝击攻击方的裆部或身体中段，同时用 6 号控制约束技术（木村锁）锁定攻击方手臂实现。另一种防御是通过大力膝击对方来降低其攻击性实现。

　　膝击与身体控制相结合的优点是可以削弱攻击方的战斗力，同时保持对其持械臂的控制。想要完成抓握并保持对武器的控制，防守方需要从控制攻击方的前臂转为控制攻击方的手腕，并且侧身防止攻击方使用自由臂取回武器。

　　该防御方式运用了易于变化的 6 号控制约束技术。在这个变化中，防守方控制肩膀的同时固定攻击方的手臂，然后进行封闭式防御转向一侧以获得最佳的控制位置，也可以将下位腿放在攻击方身上，用双腿控制。

意识到威胁时，防守方要立即做出反应，向左侧斜跨一步，靠近攻击方并控制其持枪手臂，膝击其裆部或大腿（在考虑使用武力的情况下）。

靠近攻击方的目的是锁定其抑制出武器的右臂。用左手锁定攻击方的右手腕，同时用右手锁定其右肩。锁定攻击方的手臂和肩膀后，右腿膝击攻击方的裆部。

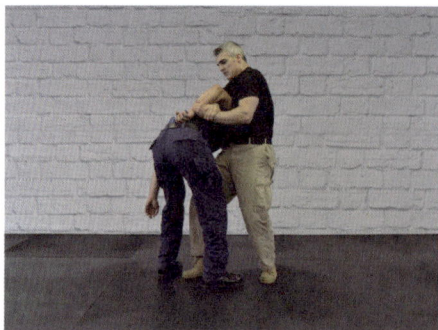

果断锁定攻击方右臂进行控制，同时将右臂放在攻击方右肩上方运用6号控制约束技术。以自由侧臂的前臂（桡骨）顶部猛击攻击方的肘部并将其折叠，从而使用6号控制约束技术。向前和向上扳动其肩膀，以获得主导位置。一定要让攻击方的肩膀和躯干紧贴自己的身体，以保持控制。

保持控制的同时，向2点钟方向压制攻击方。攻击方倒地时确保其躯干靠近自己的躯干，以防止其倒地时滚翻。

防守方的重心随着攻击方倒地而下降，左膝顶在攻击方肘部的弯曲处，右膝放在攻击方头上，将全身重量压在攻击方身上以进行控制，重心放

在脚后跟上。

缴械的过程中用左手控制攻击方右臂，用右手固定枪管并夺走武器。

保管好武器，必要时可使用。

注意：并非击倒攻击方后才能进行缴械。防守方一旦完成 6 号控制约束技术，松开右手，同时用左臂将攻击方手臂锁定在自己躯干上，就可以锁定武器并将其从攻击方后腰部取出，必要时可使用武器。

防御正面手枪

同伴被正面手枪威胁——1 号正面防御

很多关于手枪防御的文章通常会建议举起双手假装服从。但是，正确的防御取决于姿势（确保肘部靠近身体）。防御的关键是让攻击

253

方零感知，即不要让攻击方发现要缴械的迹象，不只是假装服从。

改变武器的方向同时进行反击（如直接打晕攻击方），目标是通过反击致其眩晕、失衡，从而进行缴械。和所有的马伽术技术一样，如果防守方没有重击攻击方，那么攻击方会继续反抗，缴械将会变得非常困难。再次强调，枪支是依据人体工学、为方便攻击方持握而设计的，对防守方并不友好。

当最初的变向防御和身体防御成功后，反复击打攻击方会令其在抓着手枪的同时摔倒或向后跌倒。此时防守方如果没有移动到攻击方的死区而攻击方将手枪往回拉，那么防守方仍处于射击范围。此外，如果防守方已经将攻击方击倒在地，但位置不正确，那么攻击方在倒地后仍有可能进行踢击。

防守方即使抓住了手枪套筒，也不要让自己置身于火线上。在没有完全移动到攻击方的死区时，防守方不要轻易改变枪械指向和反击。

防守方要将手掌虎口移到扳机护圈前部，改变手枪指向。要用爆发力完成这个动作，而不是拍打或推开。做这个动作时手要尽可能远离枪口，避免碰到枪口处。即使是短筒手枪，也要采用这种控枪方式。

因为膛内的子弹很可能会随时发射，所以改变手枪的指向时必须避开火线。将身体移动到攻击方的死区位置并且控制手枪是至关重要的。

正确改变手枪指向

　　许多马伽术的模拟训练和片段讲解都犯了一个错误，即防守方改变了手枪指向并试图将手枪锁定在自己面前，但没有移动至攻击方死区。这种错误的防御方式很有问题。双手握持手枪显然有利于其控制武器、应对缴械技术。因此，防守方必须采用适当的技术，用全身重量改变手枪指向时，保持对手枪的控制，并紧握手枪以控制枪管。

在马伽术中，变向为了阻止半自动手枪的滑动、防止新的子弹进入膛室或阻止左轮手枪旋转。当完成变向并锁定手枪时，防守方要将

身体向前压，将枪插入攻击方的腰部，并与其身体保持平行，双臂呈肘碰肘姿势。在进行变向的同时，拳打或掌击攻击方头部。前臂和攻击方的持枪手臂形成 "V" 字，将前臂下部压在攻击方前臂上部而不是直接压在其手臂上。

为了确保呈肘碰肘的姿势，防守方肘部必须放在攻击方肘部后面。一旦进行手枪变向防御，立刻移动到攻击方死区并保持肘碰肘。一定要用尽全力握住枪管，弯曲手臂控制手枪。通过变向和控制手臂，将全身重量压在攻击方持枪手臂上，同时保持处于攻击方死区位置并远离火线，降低攻击方的抵抗能力。

如果决定对正面威胁防守方同伴的攻击方进行缴械，要先衡量当前距离是否可以安全地控制手枪。如果可以拉近距离改变枪口方向并控制手枪，那么手枪的状态和攻击方单手还是双手持枪就不那么重要了。不过请注意，攻击方如果单手持枪，那么他可以倾斜身体寻找不同的射击角度。此外，攻击方双手握持手枪可以更好地对抗缴械，这说明防守方需要深入攻击方死区并直接攻击其头部。攻击方双手握持枪支会暴露头部，利于防守方反击。

当攻击方在触手可及的范围内时，防守方要把握时机。在开始缴械之前，身体稍向前倾，然后伸出左手（假设攻击方右手持枪）改变枪口方向，将手枪锁定，并锁死要施全力在其持枪手臂和手枪上，同时移动到攻击方死区，进行身体防御，并反击。

通过保持枪管与地面平行进行控制，尤其是当攻击方试图反夺手枪时。双方身高不同，可能会出现手枪被稍微向上抬或向下压的情况。如果防守方较高，进行防御的控制力会迫使枪管稍微向上；如果防守方较矮，握力方向可能会使枪管向下。

在进行缴械前，防守方要将手肘置于身体两侧，尽量不要盯着手枪以防暴露意图。重心稍微前移到前脚掌上，向前突进时，改变枪口方向并在扳机护圈附近控制手枪。控制住手枪的同时锁定攻击方的手臂，同时确保自己位于攻击方的死区，弯曲手臂以形成肘碰肘姿势。全力握紧手枪。

利用人体力学击打攻击方的头部至少3次，确保重击攻击方。握住扳机护圈上方的枪管，另一只手臂靠近近侧髋关节并确保枪口没有朝向自己身体。掌心向上抓住手枪握把后部，确保双手握枪以加强控制，进行缴械。

用右手旋转或向后猛拉手枪，直至握把旋转180°垂直于地面。将枪管

略微倾斜指向攻击方，迫使其松开扳机。这个动作很可能会扭断攻击方手指，还可以收起下颌并用近侧肩向后撞击迫使攻击方松开手枪。为了进一步削弱攻击方攻击力，侧踢其左膝。

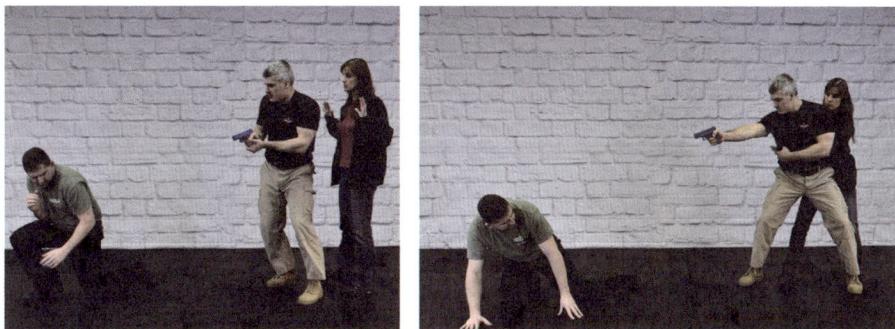

立即与攻击方拉开距离，如果熟悉缴获的手枪，拍击弹匣并使手枪处于待发状态。站在同伴的前面，抓牢同伴的手臂准备射击。

同伴被正面手枪威胁——2 号正面防御

当攻击方双手持枪时，缴械技术为改变枪口方向的同时抢夺攻击方手中的手枪。

如果使用 1 号正面防御会使射击线转向旁边的人，防守方可使用 2 号正面防御，2 号正面防御同样可以用来对抗双手握枪的情况。另一种须使用 2 号正面防御的情况是，使用 1 号正面防御会把同伴置于射击线上。

攻击方右手或双手持握手枪（注意，攻击方单手或双手握枪无关紧要）。使用 1 号正面防御会将枪支转向反方向。这个技术的力度比较大，它专注于攻击方握力最弱的部分——手掌内侧，而不是试图对抗其双手握力。

2 号正面防御和 1 号正面防御有一些相似之处：当攻击方从正面威胁时，如果必须进行缴械，先判断好距离。如果攻击方在触手可及的范围内，需要考虑时机。

缴械前，手肘置于身体两侧，尽量不要盯着手枪以防暴露意图。身体重心稍微前移到脚掌上，向前突进时，改变枪口方向并在靠近扳机护圈的位置控制手枪。控制住手枪的同时锁死攻击方的持械手臂，确保移动到攻击方的死区，将全身重量压在手枪上形成肘碰肘姿势。脚掌稍向前倾，右手出拳同时向前突入。朝着手枪的方向移动，改变枪口方向并固定住枪管，同时旋转身体。左手锁定并猛拉攻击方的手腕。左手拇指置于攻击方手掌旁边，双方的手臂形成杯状。同时完成向前推击和下拉动作，形成剪刀动作，从而将手枪缴获。然后，进行身体防御确保避开火线。

强行推击手枪并从攻击方手中抢夺手枪，将手枪作为冷兵器进行攻击（如果位置合适，也可以进行踢击）。

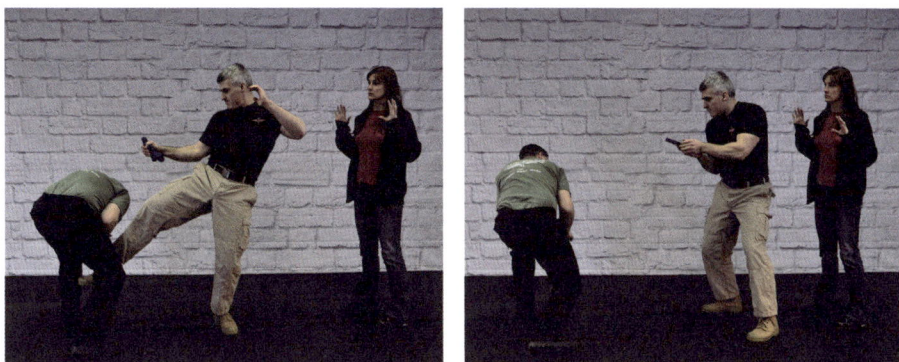

右腿踢击攻击方的裆部，削弱攻击方的攻击力。立即与攻击方拉开距离，安装好弹匣并使手枪处于待发状态。站到同伴前面，抓牢同伴的手臂随时准备射击。

防守方如果缴械未成功，那么要立即强烈击打攻击方并确保自己和同伴远离火线。攻击方可能会回拉手枪，此时防守方应双手紧握手枪，并且配合下肢击打（包括膝击和直踢），移动到攻击方的死区。在任何情况下都不要松开手枪。注意，在用下肢击打攻击方时，攻击方可能会本能地身体前倾出现头槌情况。另外，继续用下肢击打时，保持对手枪的控制。

同伴正面面向长枪／冲锋枪的防御

防御长枪／冲锋枪（SMG）的原理与防御手枪相似，但由于枪支的长度不同，所以在动作上有所不同。

防御长枪／冲锋枪遵循马伽术的核心原理，即同时进行肢体变向防御和身体防御，并结合反击。长枪／冲锋枪与手枪之间的明显区别是枪支长度不同，长枪／冲锋枪有加长的枪托时长度差异更明显。某些冲锋枪（如乌兹冲锋枪）可能需要用前述的手枪防御方法进行防御。为了便于讨论，将霰弹枪也归入长枪类别。记住，霰弹枪射击后的危险范围更大，因为球形弹丸会散开。

马伽术的长枪／冲锋枪和刺刀防御可以适应不同高度的威胁。以下正面防御的变化用于防御带刺刀的攻击。无论使用哪种防御方式，一定要注意远离枪口。

只要扣动扳机且弹药供应充足，半自动或自动长枪／冲锋枪可持续击发。自动长枪／冲锋枪可以在几秒内发射30多发子弹，这对第三方也会构成威胁。和马伽术中的手枪防御方法不同，长枪／冲锋枪缴械技术不会干扰射击机制。

假装顺从举起双手时，防守方要把手肘置于身体两侧，尽量不要盯着武器以免暴露缴械意图。身体重心稍微前移到脚掌上，向前突进时用右手改变长枪的指向，左臂缠绕长枪进行控制。

接近攻击方时左臂缠绕枪管，将枪管置于肘部的弯曲处，右臂肘击其头部。可以继续进行膝击，击晕攻击方或进一步削弱其战斗力。

伸手抓长枪的握把以缴械（注意，长枪通常有一个可缩回的枪托，如果没有，可以抓住枪托的前部）。抓住长枪的底部或攻击方的持枪手向上提拉将长枪拉出，快速旋转身体并控制长枪。缴械后，根据需要决定是否使用长枪射击。

制服有威胁或正在射击的枪手——从后方接近

当无法击毙攻击方或采取其他防御方式时，防守方最好从后方突袭攻击方以缴械。抱摔加上外挂动作可以很好地对抗静止或移动的攻击方。如上所述，抱摔是最有效的进攻技巧之一。和其他格斗术一样，抱摔通过臀部和腿部发力。

防守方肩膀顶在攻击方臀部或腹部以下，头部靠向攻击方躯干的一侧。脖子和脸前伸，不要低头。接触攻击方身体之前，两腿张开、臀部下沉，类似于深蹲起身动作，需要移动双腿获取惯性力。

用手臂搂住枪手的腰部或臀部，向前推动。当身体向前移动时，人的本能反应是将手伸到前面应对摔倒时对面部的冲击。无论拿的是手枪还是长枪，攻击方都有可能在这种情况下松开武器，因此防御这两种枪的战术相同。

在倒地过程中牢牢控制住攻击方，埋头，在其撞到地面时放手。

如果攻击方没有松开枪，必须迅速抓住攻击方背部，同时用手臂撞击攻击方，并用身体的大部分重量控制枪。

如果攻击方继续持握枪械，用右臂控制枪管进行缴械。

紧紧握住并旋转枪管，将其用作冷兵器。起身，与攻击方拉开距离，使枪处于待发状态。

如果攻击方被摔倒在地，则会松开手枪

如果攻击方被摔倒在地时松开了手枪，继续抓住并控制其背部。用前臂、肘部、拳头或掌根击打其头部和颈部，在制服对方并迅速起身时，也可以采取踩踏踢法。（注意：对长枪进行缴械时，可以用缴获的长枪进行锁喉。但在对手枪进行缴械时不要锁喉，因为在锁喉过程中攻击方可能会朝防守方开枪。）

必要时，将手枪作为冷兵器使用。

起身，与攻击方拉开距离，用手枪瞄准枪手。

制服有威胁或正在射击的枪手——从后方接近缴获手枪

在此情境下，如果除了缴械外别无选择，可以结合180°后撤步转体步法使用特定的缴械技术，从后方缴械。尽量安静地接近攻击方，因为他可能会看到影子或听到声音，所以需要把握时机、动作精准。如果攻击方习惯右手持枪，以左脚迈出最后一步进行步法移动缴械。

在这种缴械技术中，当左腿与攻击方的腿平行时，用左手控制其右臂，用右手从扳机护圈前固定住手枪。

双手同时分别控制攻击方的右手腕和手枪，右腿立刻向前迈并将枪口转向攻击方，然后快速将手枪从攻击方手中扳开，利用步法旋转的力量用枪管击打其面部或肩部。将手枪旋转180°后拉动手枪，迫使攻击方的手指脱离扳机护圈从而夺过手枪。

注意：这种缴械技术的进阶版本是在控制手枪时使用剪刀腿踢击攻击方。向前迈出左腿后，快速迈出右腿。右脚接触地面的同时，起跳，以右腿踢击攻击方的裆部。

踢击攻击方裆部的同时牢牢抓住其手臂以及手枪，利用跳踢的惯性力夺过手枪。

记住，如果攻击方在抢夺手枪时扣动扳机，手枪可能会无法再次使用，

利用 180° 后撤步转体步法拉开距离，拍击手枪排除故障后，用手枪瞄准攻击方。

制服有威胁或正在射击的攻击方——从后方接近缴获长枪

对于长枪，缴械方式类似于相同情境下的手枪缴械方式。（假设攻击方右手持枪。）

左腿与攻击方的双腿平行，向其迈步。

右腿向前迈步，左臂越过攻击方的肘部上方控制枪托，右手反握前握把来固定长枪。双手同时夹紧长枪，然后右腿立即向前上步，将枪管往下扳并朝攻击方的方向旋转。

运用 180° 后撤步转体步法的惯性力下移枪管，然后对准攻击方。将长枪转动 180° 后从攻击方手中拉出长枪，强迫其手指脱离扳机以夺过长枪。

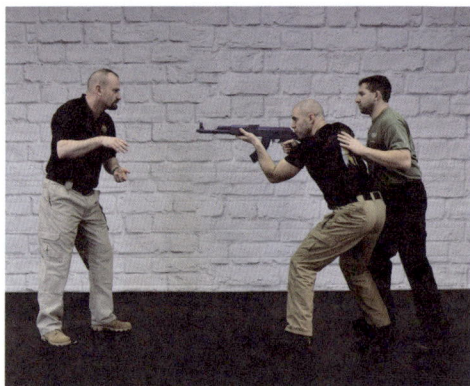

将长枪对准攻击方，将人质护在身后。注意，长枪与手枪不同，如果攻击方在抢夺长枪时扣下扳机，长枪仍处于待发状态并可以继续射击，直到弹药耗尽，或者因弹夹移位无法继续击发。如果是有弹夹的长枪，轻击弹匣以确保其处于待发状态的过程中，持续运用 180° 后撤步转体步法与攻击方拉开距离。注意：为方便拍照，演示图中攻击方和防守方之间的距离已被缩短，当防守方将人质护在身后并与攻击方拉开安全距离时，实际距离要远得多。

注意：如果长枪的枪托卡在攻击方的腋下，必须调整缴械技术，使枪管上移，击打攻击方的躯干。

注意：在抢夺长枪时，该缴械技术的进阶版本是运用剪刀踢。

制服用手枪对准人质头（颈）部的攻击方——从后方接近

当无法击毙攻击方或没有其他选择需要进行缴械时，可结合 180° 后撤步转体步法从后方接近攻击方完成缴械技术。接近时必须尽可能安静，注意攻击方可能会看到影子。使用这种缴械技术需要把握时机、动作准确。面对右手持枪的攻击方，在试图缴械之前必须用左脚迈出最后一步以使用 180° 后撤步转体步法。

左脚平行于攻击方上步，左臂从攻击方手腕上方控制其手腕，同时右手在扳机护圈外反握控制手枪。这一系列动作必须准确，使手枪枪口快速地从人质转向攻击方。

双手同时按住攻击方的右臂。

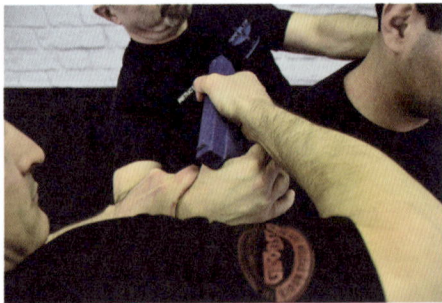

把枪口对准攻击方。

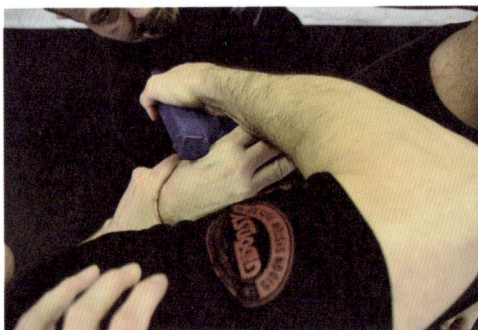

控制住手枪后，右腿立即向前迈步并用手枪猛击其头部。注意，这种缴械技术的进阶版本为踢击人质的裆部，迫使人质倒地，以保证对攻击方的有效射击。动作要领是当左腿向前迈出时右腿迅速跟上，右脚接触到地面后弹起踢击人质的裆部。

当踢向人质的裆部时，防守方可利用180°后撤步转体步法的惯性力将枪口对准攻击方。迫使手枪旋转180°后，将手枪从攻击方手中缴下。

控制手枪后与攻击方保持距离。注意，如果抢夺手枪过程中攻击方扣动扳机，那很可能会干扰手枪套筒的正常运行，导致其出现枪械故障。轻击弹匣并排除枪械故障，确保手枪处于待发状态，继续运用180°后撤步转体步法与攻击方拉开距离。

防御攻击方持手榴弹的威胁——从后方接近

攻击方可能会持手榴弹进行威胁。因不确定手榴弹的安全栓是否移除，防守方在行动之前应假设一旦拉开引线或引爆装置手榴弹就会爆炸。当然，面对即将引爆的手榴弹时，不应该持握它而是要迅速处理掉。手榴弹如果没有引爆且安全栓完好无损，可以从攻击方后方夺过手榴弹。

该防御技术与马伽术中的其他防御技术类似，必须削弱攻击方的攻击性，安全地控制武器。结合1号反关节技术踢击攻击方裆部，然后用脚后跟踩踩其头部，使其丧失反抗能力，动作要快。直线接近攻击方，同时不要被其发现。

假定一名凶犯持手榴弹劫持了人质。防守方左脚与凶犯的腿平行上步。

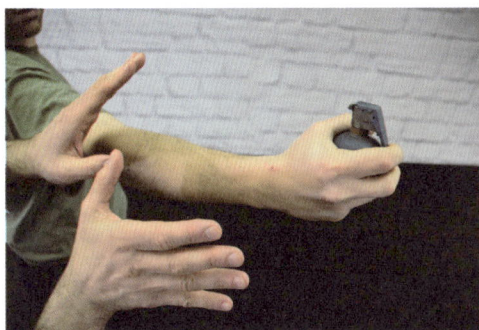

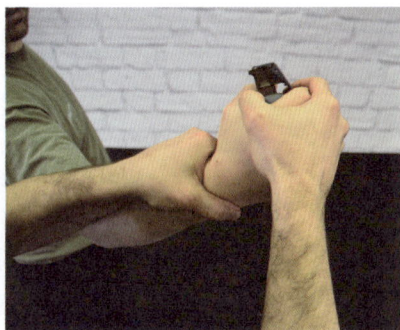

用左臂在攻击方手腕上方控制其右手腕，右手用"指关节到指关节"抓握方式控制手榴弹（从本质上讲，这是在运用1号反关节技术，这个技术在之前的许多防御中都出现过）。左腿向前迈时右腿快速跟上。

右脚触地时立刻起跳，右腿踢击攻击方裆部的同时牢牢抓住攻击方的右手和手榴弹。

以跳跃式剪刀踢的惯性从攻击方手中夺下手榴弹，也可以直接使用1号反关节技术完成抢夺。

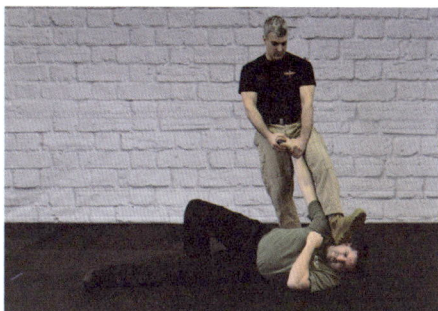

完成踢击后，继续使用 1 号反关节技术的变化式将攻击方击倒。用脚后跟踢攻击方头部，最好对准太阳穴位置。必须用力踢击攻击方。在这个阶段，最重要的是要立即判断手榴弹安全栓的状态，如果未被拔出，代表手榴弹不会被引爆，可以安全持握，不必执行下面的操作步骤。

如果手榴弹的安全栓已经拔出，握柄已经松开，用脚后跟踢击攻击方头部——最好对准太阳穴——踢晕攻击方，将手榴弹扔至安全区。

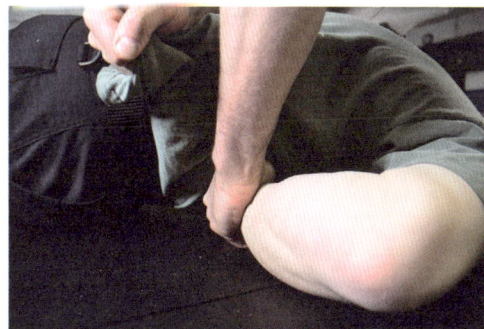

进行跨越前滚翻，利用手臂进行缓冲，把头转向一侧背部斜向滚动。

用跨越前滚翻逃离爆炸半径。

通过翻滚落地时双脚脚底冲向对方，鞋底会挡住某些致命的爆炸碎片。

用前臂遮挡头和耳朵，同时张嘴以缓解巨大的爆炸声给耳膜带来的巨大冲击。

第九章

枪支防抢夺及专业的武器防御练习

枪支防抢夺

防止枪支被抢是执法部门、军队和其他合法武装人员的首要关注点。想要防止枪支被抢，防守方须在攻击方能够抓住枪支前使用马伽术中的变向技术，髋关节旋转 180°转动持枪一侧腰部，同时击打攻击方或与其拉开距离。

如果攻击方成功抓住防守方的枪套，根据防御和攻击的并发原则，在典型的 3 级或 4 级固定枪套的情况下，防守方必须牢牢控制枪支，最好是用前臂控制，必要时也可以用手压住套筒的后上方，同时用自由臂、腿或头槌进行反击。如果使用的是腿部枪套，需要用双手来控制枪支，让持枪一侧腿转离攻击方，收起下颌以保护颈部的同时，进行膝击或踢击。

枪支防抢夺——防御 12 点钟方向威胁

这种防御方式可以拦截试图从 12 点钟方向抢夺枪支的攻击方。

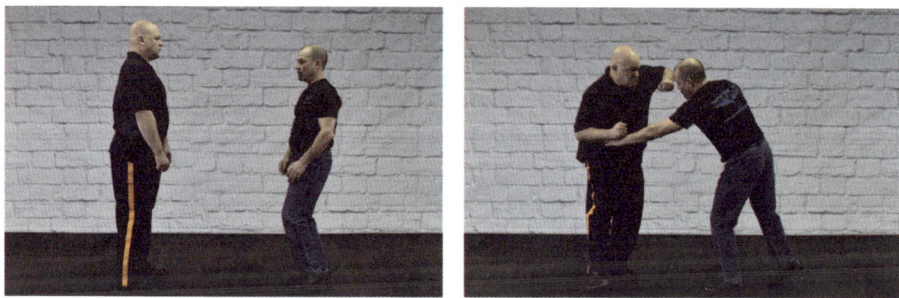

近侧（武器侧）手臂的前臂向下劈砍或旋转以格挡攻击方伸出的手臂。

防御攻击方进攻手臂的同时，利用 180°后撤步转体步法旋转 180°。同时，

用另一只手臂攻击攻击方的头部。在此过程中快速与攻击方拉开距离，升级武力或者接近并控制攻击方。

枪支防抢夺——防御 3 点钟方向威胁

这种防御方式类似于前文正面枪支防抢夺技术。

近侧（武器侧）手臂的前臂劈砍或旋转来格挡攻击方伸出的手臂。

格挡攻击方袭来手臂的同时，利用180°后撤步转体步法转体180°。此时，用另一只手臂攻击攻击方头部。

击打攻击方的过程中快速与其拉开距离，并且掏出枪支。

枪支防抢夺——防御 3 点钟方向威胁（腿部枪套的变化式）

这种防御方式与前文的正面枪支防抢夺相似。

近侧（武器侧）手臂的前臂劈砍或旋转来格挡攻击方伸出的手臂。

格挡攻击方进攻手臂的同时，利用 180° 后撤步转体步法转体 180°。同时，用另一只手臂攻击攻击方头部。击打攻击方并迅速与其拉开距离，并且掏出枪支。

拉开安全距离，创造射击条件。

枪支防抢夺——防御 6 点钟方向威胁

如果攻击方从右后方接近而没有被发现，并且试图抢夺枪支，适合采用这种防御技术。

先用靠近武器侧的手臂进行防御，可以用手压住攻击方，也可以选择向后肘击攻击方，如果攻击方成功抓住了手枪握把，应换用另一只手（图中为左手）向下按压并夹住攻击方拇指或手臂，并利用 180° 后撤步转体步法转体 180°。

转体时以右臂攻击攻击方头部。

通过侧踢膝盖进一步攻击攻击方。在重击攻击方后立即与其拉开距离，

升级武力或者接近攻击方将其制服。

枪支防抢夺——防御 6 点钟方向威胁（1 号备选方案）

如果攻击方从后方接近而没有被发现，并且试图抢夺手枪，另一种防御方式是下压武器侧手臂，然后转身击打攻击方头部。

用武器侧手臂压住枪套或攻击方手腕。

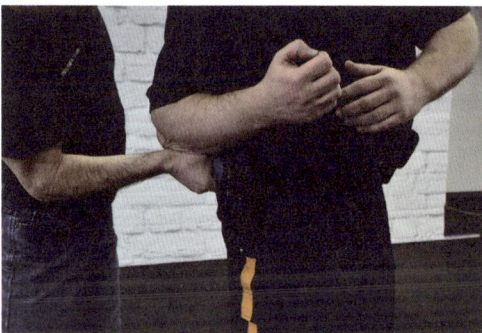

继续下压直至攻击方被迫将手从枪套上移开。顺时针转动面向攻击方。注意：另一个选择（无演示图）是夹紧武器侧前臂并转体，用自由臂攻击攻击方。转身的同时与攻击方拉开距离，将攻击方的手从枪套上移开。

解除威胁后，继续使用 180° 后撤步转体步法并攻击攻击方头部。

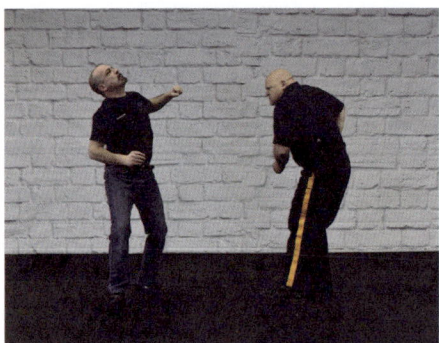

与攻击方拉开距离，掏出枪支警示攻击方，或者接近攻击方将其制服。

枪支防抢夺——防御 6 点钟方向威胁（2 号备选方案）

该方案与前两种防御方式类似，如果攻击方从身后悄然接近并试图抢夺枪支，可以通过向下施压然后转身击打攻击方头部来防御。

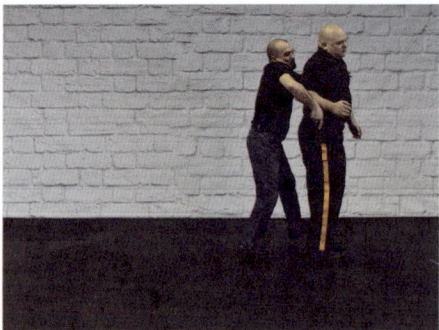

用武器侧手臂向下压住枪套或攻击方手腕。

肘击攻击方的腹腔神经丛或下颌，将攻击方的手打开。与攻击方拉开距离并掏出手枪警示，或者接近攻击方将其制服。

枪支（已掏出）防抢夺——防御 12 点钟方向威胁

如果手枪已经掏出，绝对不能向试图抢枪的攻击方射击，防御方式应是在一个小的半圆内旋转手枪以免被攻击方抓住，同时将手枪当作冷兵器进行攻击。当然，也可以直接用手枪击打攻击方面部，先发制人。

如果攻击方趁防守方处于 −5 级状态时拉近距离并伸手抢夺枪支，可以通过逆时针旋转（针对惯用右手的枪手）或顺时针旋转（针对惯用左手的枪手）枪支来阻止攻击方。

旋转枪支阻止攻击方抢夺时，继续将枪支当作冷兵器攻击其头部。注意：可以用双手扣扳机，或放开弱侧手更好地控制枪支作为冷兵器使用。

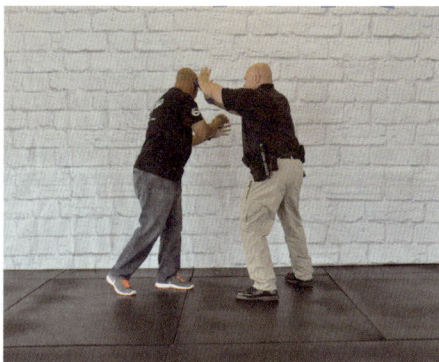

用枪管猛击攻击方的头部，或者松开支撑枪的手辅助枪管击打攻击方头部。继续攻击攻击方，或者与其拉开距离以获得射击路线。

枪支防抢夺（已掏出）——防御 12 点方向威胁（攻击方的手已经抓住枪支）

如果攻击方的手已经抓住手枪，有效的防抢夺战术是肘部靠近躯干的同时用近侧腿踩踩攻击方，迫使其松开手枪。如果所处情境不能向攻击方射击，那么另外一个防抢夺战术是，抬起肘部的同时向前迈步，并且向下移动枪管远离攻击方。

抬起右肘，右腿向前上步，用肩膀撞击攻击方来迫使攻击方松开手枪。用近侧肩部撞击攻击方，与其进一步拉开距离。

将手枪作为冷兵器或用下肢击打攻击方以削弱攻击力。攻击方松开握枪的手时立即进行反击，用手枪作为冷兵器击打攻击方的头部。或者使用下肢击打来制造距离，并在合理合法的前提下向攻击方开枪。关键是不要让攻击方攻击背部。

必要时继续进攻，前踢或制造距离以控制局势，在需要时向攻击方射击。

注意：也可以左腿向前一步，在不转身的情况下把枪支向回拉并面向攻击方。这样做的好处是，枪口仍朝向攻击方。对于身材矮小的防守方来说，近侧腿向前迈步是一个更有效的选择，可以对抗体格更大、更强壮的攻击方，在类似情况下，防御长枪抢夺的方法也是差不多的。

长枪或冲锋枪防抢夺——踢击防御 12 点钟方向威胁

出于本能，防守方通常不会放开或放弃武器。很明显，防止枪支被抢夺的最佳方式是向攻击方开枪。以下长枪防抢夺措施均假设防守方不能向攻击方开枪。

马伽术中的大部分战术都基于保持或夺取控制权这种本能反应。与大多数马伽术防御技术相似，该防御技术类似于徒手的"熊抱"防御。

如果攻击方试图从正面抢夺长枪，此时防守方的枪支位于低位或高位戒备状态，防守方会向前迈步或向后撤步。枪支在低射击位置时，如果攻击方抓住枪管，防守方可以单膝跪地使枪管直接对准攻击方的骨盆或腹部，从而实现有效射击。枪支在高射击位置时，防守方迈步的方向通常取决于攻击方是向前推动还是向后拉动防守方。作为马伽术为数不多的反本能动作，防守方应该与攻击方一起移动而不是对抗。防止长枪或冲锋枪被抢夺，防守方无论是否佩戴枪带，进行防御时都基于一个基本原则，即在攻击方试图夺取武器时借力打力。

防守方利用杠杆原理、结合步法旋转枪管，可以让长枪脱离攻击方的控制。攻击方若用右手抓住枪口，建议在向前迈步时顺时针旋转枪管或枪口，随后用长枪反击或低位前踢，或者后退一步夺回长枪，并且在需要时向攻击方开枪。如果攻击方用左手抓住枪管，那么防守方应在向前迈步时顺时针旋转枪管并击打攻击方，或者向后退一步拉开距离，并在需要时向攻击方开枪。向内旋转长枪或冲锋枪，摆脱攻击方的抓握，同时将弹夹转向攻击方，创造踢击和膝击的机会。

如果长枪有背带，当攻击方抓住枪背带时，防守方应靠近攻击方，并且在箍颈钳住攻击方的同时使用副武器，或者攻击其头部（包括用拇指摁压同侧眼睛、大力攻击颈部）。当攻击方拉扯长枪时，防守方应跟随攻击方移动并利用惯性控制其头部。缠抱中即使攻击方抓住了长枪，防守方也必须考虑攻击方的反击能力，包括抢夺带刃武器在内的副武器。

箍颈缠抱能够控制攻击方的头部并将其拉近，但要注意攻击方的意图。目标是在可以使用武器的情况下，最大限度地控制攻击方，或者如有可能，将攻击方控制在安全距离内使用主武器或副武器。注意，防守方可以先使用武器防抢夺的技术或冷兵器的防御方法，然后再使用热兵器。

无论是否有枪带，长枪或冲锋枪的防抢夺都遵循一个基本原理，即在攻击方试图夺走武器时借力打力。防守方应向拉动长枪的方向移动，惯性会加强防守方打击的力度和效果。

向攻击方抢夺长枪的方向移动，产生的惯性力会增强防守方下半身的击打力度和效果。

重要的是，朝攻击方旋转长枪的弹匣并增强握持长枪的力度，为下肢

击打创造条件（注意：马伽术通过将弹匣向对方旋转的方式进行缴械）。立即与攻击方拉开距离制造有利射程。

长枪或冲锋枪防抢夺——旋转防御

长枪的握把是为了让射击者保持对长枪的控制而设计的。顺时针大力旋转长枪时，攻击方很难握住握把。

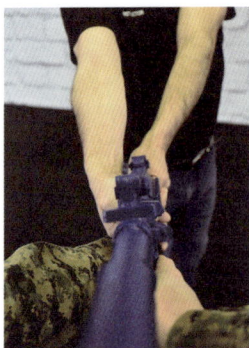

开始姿势。

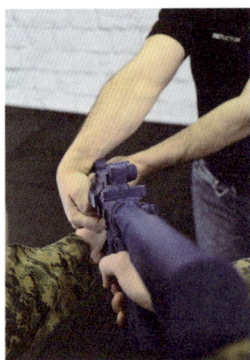

旋转 2。

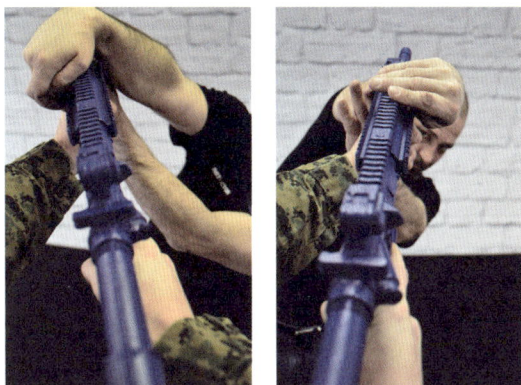

旋转 3。

继续顺时针旋转长枪以解除攻击方的控制，创造射击条件。

攻击方从 12 点钟方向抢夺有枪带的枪支，防守方箍颈并使用副武器防御

遭遇抢夺枪支时，防守方的本能反应是紧握枪支。如果攻击方成功地抓住了枪支、控制了部分枪支或已经把枪支抢走，那么还有一种防御抢夺的方式——（如果枪支有枪带，并且另有一把可用的手枪）使用单臂箍颈缠抱住攻击方，同时掏出手枪进行射击。这种战术显然适用于额外配有手枪的防守方，另外防守方也可以选择用匕首型武器进行反击。

当攻击方抢夺枪支时，防守方利用持枪手配合枪带牢牢控制枪支。左臂箍住攻击方后脑勺，然后充分利用攻击方向后拉扯枪支时的惯性力。

一旦左手牢牢控制住攻击方，立即掏出手枪。

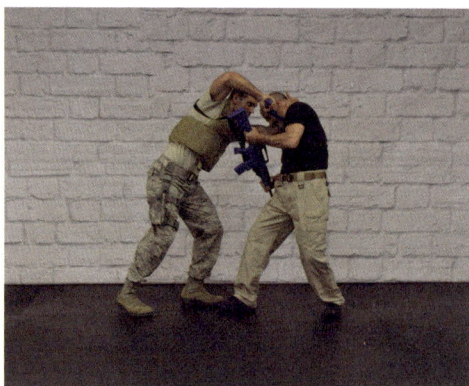

使用定点射击的方法制服攻击方。注意：具体的射击方法依个人习惯而定。

在防摔的同时防御抢夺长枪

长枪打击防御抱摔

防守方（在正确的时机和距离下）采取何种防御方式取决于进攻方式及对进攻角度的判断。如果防守方身上有装备且持长枪处于戒备姿势，正常体形的攻击方将很难从后方对其进行抱摔。

12 点钟方向的抱摔

关于来自正面的抱摔，防守方在正确的时机和距离下，除了向攻击方开枪外，还有 4 个选择：一是用枪口刺击攻击方的面部或喉咙；二是避开攻击，用枪口猛击攻击方头部；三是保持稳定的站姿和站位，通过巧妙的侧步用前握把或弹匣击打攻击方的颈动脉鞘或颈部；四是伸展四肢，高举武器，将身体重心压在攻击方颈部，继续反击。

注意：如果攻击方为半蹲姿势，防守方可以先发制人，前踢或膝击对方头部；如果攻击方为直立状态，那防守方可以在攻击方接近并准备抱摔之前踢击攻击方身体。长枪是一种非常有效的防御工具，防守方须保持稳定，将重心落在脚后跟上。

12 点方向抱摔伸展下压的动作变化

防守方如果没有足够的时间进行射击或做前述防御动作，可以使用伸展下压的动作。

低位射击准备姿势开始时，攻击方因前抱摔动作而向下移动时将枪口对准地面；高位射击准备姿势开始时（无演示图），伸展下压且前臂和长枪形成"A"形框架或三角形。

当攻击方接近时，两脚张开，双腿向后伸展。将身体压在攻击方身上，重心放在前脚掌而非脚掌两侧，以便快速起身。

利用攻击方的身体将自己推起来，与其拉开距离，必要时使用长枪。

12 点方向抱摔枪支防抢夺

当攻击方成功地下潜至长枪下方、双手搂住防守方并准备进行抱摔时，防守方应使用该防御技术。

必须用背部实现有效受身倒地，同时保持对长枪的稳定控制。

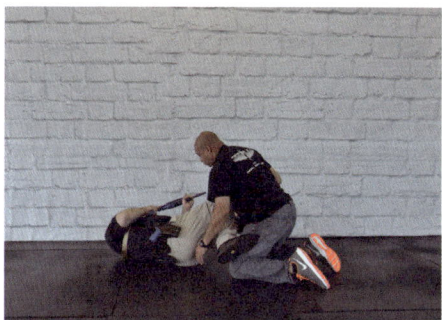

受身倒地时，前腿立即抵住攻击方，以防其拿到骑乘位置，并且可以虾行移动制造距离。当调整前腿位置时，试着将脚跟侧面贴住攻击方臀部或大腿上，形成"Z"字防守。

用腿控制攻击方，并用长枪瞄准攻击方。

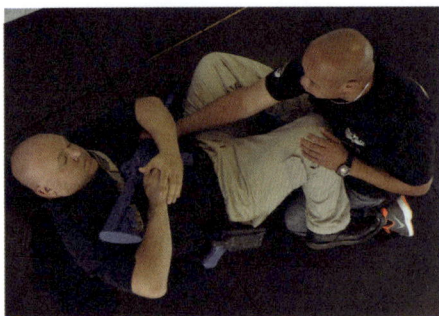

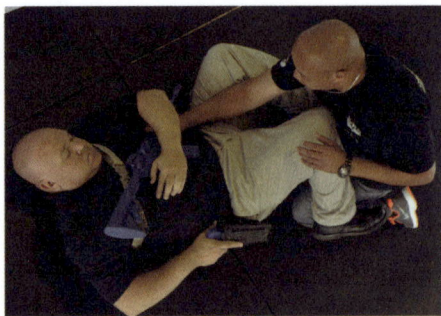

如果攻击方继续抢夺长枪，将枪紧紧贴在躯干上夹紧，然后掏出手枪（或匕首型武器）。注意：如果没有手枪，伸腿踢击对手，然后拉开距离使用长枪。

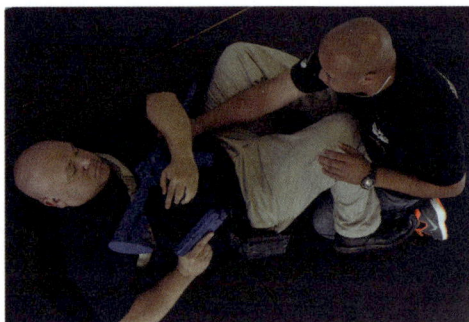

必要时用手枪射击攻击方。

3 点方向枪支防抢夺

及时识别意图后，防守方可以通过顺时针旋转枪支，来防止攻击方的抢枪行为，这类似于 12 点方向枪支防抢夺技术。

长枪的握把是为了让持枪者稳定控制枪支而设计的。用力顺时针旋转

长枪，会让攻击方很难抓住握把。

继续顺时针旋转长枪，解除攻击方的抓握控制，并制造射击条件。

4点至5点方向枪支防抢夺

该防御技术与6点方向枪支防抢夺技术相似。尽早识别意图后，防守方可以用枪托击打攻击方的头部，或者用脚踢处于半蹲位置的攻击方的头部（如果攻击姿势更直立，则踢向其躯干）。如果防守方未及时发现已经被抱摔，必须正确着地（受身倒地），然后立即抬起后膝（假设用右手射击）旋转180°过渡到前腿支撑姿势，接下来必须挣脱攻击方，建立稳定的射击框架，使用主、副武器。注意：如果攻击方从活区靠近，可以使用后踢攻击技术；如果攻击方从死区靠近，则可以前侧踢。无论哪种情况，目标要么是攻击方的头部（如果攻击方下潜）、要么是攻击方的身体（如果攻击方姿势更直立）。长枪是一种非常有效的防御工具，防守方最好稳定身体，将重心放在前脚掌。

长枪的握把是为持枪者稳定控制枪支而设计的。通过强力顺时针旋转

长枪，攻击方将很难抓住长枪。注意：短侧踢攻击方的右膝或左膝也是一种选择。

继续顺时针旋转长枪，挣脱攻击方的抓握。

创造射击条件。

4点至5点方向被熊抱，枪支防抢夺

如果攻击方从后侧熊抱，必须通过正确的步法移动进行调整，然后立即转身面对攻击方。

攻击方进行熊抱接触到防守方的瞬间，防守方转头并旋转身体转向攻击方。

转身过程中若攻击方持续向前移动，放低支撑臂进行缓冲，手臂稍微弯曲，手腕和手臂倾斜，避免受到伤害。

仰面倒地并继续转向攻击方。防守方一旦接触到地面，用支撑臂控制住长枪，起桥将攻击方顶起。注意：防守方如果全副武装导致较难转向攻击方，另一个方法是保持仰卧，将身体旋转180°（无演示图）并将双腿转向攻击方，建立稳定的射击框架。

与攻击方拉开距离，如果可能的话，将攻击方压在身下并用长枪瞄准。

6 点方向枪支防抢夺

攻击方从后方（6 点方向）进攻时，防守方及时识别意图后可以通过击打攻击方头部、用脚踢击准备下潜的攻击方头部、踢向身体更直立的攻击方的躯干进行防御。长枪是一种非常有效的防御工具，最好稳定住身体，并将重心放在前脚掌。如果攻击方从 6 点方向成功接近，防守方应在攻击方进行熊抱或抓握长枪之前立即做出反应，转向攻击方。

适应并控制攻击方的惯性需要很多练习。如果发现防守方没有防备，攻击方会朝不同方向移动，防守方必须进行相应调整。如果攻击方强迫防守方向前，防守方则顺势迈步，由前腿或后腿承受全身重量，具体取决于防守方的步伐（向前或向后）。防守方的一条腿负重时，另一条腿的行动相对自由，可以进行膝击或踢击，转移重心也可以让防守方避开进攻线。防守方旋转时，可以用长枪进行近距离射击，或者使用冷兵器击打攻击方。

当攻击方触碰到防守方时，防守方自然地向前迈步。不要把重心全部

放在前腿上。当迈步的时候，前腿开始避开进攻线。

远离攻击方，尽力避免身体接触。

与攻击方拉开距离并用长枪瞄准。

防守方处于戒备姿势时，攻击方从 6 点方向抱摔的枪支防抢夺——反向伸展下压

如果攻击方从 6 点方向接近，防守方必须将防御建立在攻击方向前冲的力量上并随之移动。如果提前察觉攻击方的抱摔意图，防守方可以做反向的向上或"面朝上"的伸展下压，将身体重量和武器、防弹背心、头盔等的额外重量都压在攻击方的头部或上半身。迅速起身或转 180°，将攻击方前胸紧压在地上，从有利的位置继续反击。

当攻击方触碰到防守方时，防守方的后腿或双腿随着冲击力自然向前移动。

向前迈步时将重心向后压，靠近攻击方颈部和肩膀。 反向伸展下压，腿稍微向前移动的同时将身体重量压在攻击方身上。

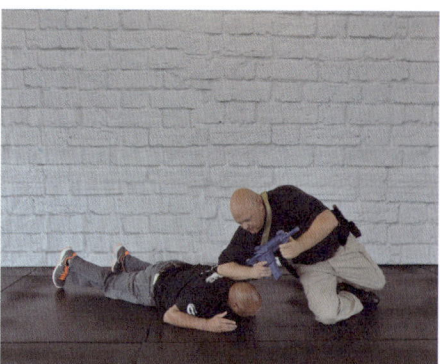

两人同时倒地时，用长枪枪托或肘部击打攻击方头部，然后立即起身。

用长枪瞄准攻击方。

防守方处于戒备姿势时，攻击方从 6 点方向抱摔的枪支防抢夺——转为前腿支撑姿势

如果攻击方成功从 6 点方向伏击，防守方在攻击方抱摔的同时向前移动进行受身，并立即转为前腿支撑姿势。

当攻击方触碰到防守方时，防守方随着攻击方的冲击力向前移动迈步。

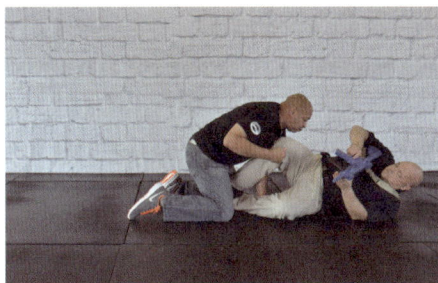

进行正确的受身动作，伸出前臂以缓冲来自地面的冲击力。确保手和

手腕的角度适当，以免在受身倒地时因撞击受伤。身体接触地面后立即仰面朝上。抬起上侧膝盖，立即转为前腿支撑姿势。

转身过程中用脚抵住攻击方的臀部，使攻击方暂时无法移动。摆脱攻击方并调整长枪，建立射击框架，使用主武器或副武器。

9 点方向抓握长枪防抢夺

长枪配有背带时，防守方若手臂下垂，攻击方可能无法用手将其环抱，影响因素有很多，包括攻击方抓握时防守方是否察觉和察觉后做出的反应，防守方的装备宽度，以及攻击方的手臂长度。在任何情况下都必须注意，不能让攻击方以任何方式抓住长枪。与前文的枪支防抢夺战术类似，在攻击方控制长枪之前进行反击，然后创造距离以使用长枪。立即转身面对攻击方，将长枪当作热兵器或冷兵器进行攻击。

长枪的握把是为了使持枪者稳定控制枪支而设计的。强力地顺时针旋

转长枪，让攻击方难以抓握。

继续顺时针旋转长枪，摆脱攻击方的控制。

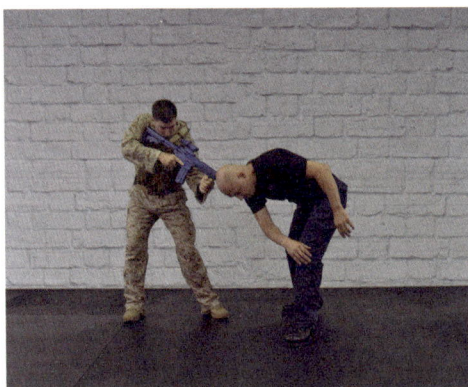

与攻击方拉开距离，创造射击条件。

附录

武力使用

执法与武力使用

米克·麦库姆上士（已退休）

我对武力使用（use of force，UOF）的看法基于我在新泽西州警察局 25 年的工作经验。其间的 10 年，我被分配到新泽西州警察局培训局，担任过学院主教官、枪械及防卫训练小组助理组长、武力使用教官、战术主教官，培训过新警员、高级警员等。我参与撰写并修订了安全防卫课程方案，代表新泽西州在法院出庭，为有关武力使用的诉讼案件做证。

执法人员经常面临艰难的状况，但是没有比在临战状态下选择使用强制措施更艰难的状况。我们首先应当明确执法的首要目标是在客观合理的武力使用下进行约束和控制。而执法人员经常被问到、争论和事后谈论的问题则是使用怎样的武力是必要的或者是可接受的，我们不妨先对以下 2 个概念进行探讨。

•过度使用武力。这个概念可以描述为武力使用超过了一个理性的人认为合理和必要的限度。有一点需要强调，一般来说，执法人员没有理由在非致命武力冲突中攻击嫌疑人的头部。

•不必要或不合理的武力使用。这个概念是指在有效评估的前提下，训练有素的执法人员在不应当使用武力的情况下反而使用了武力。

发生这 2 种武力使用情况，问责可能包括但不限于违反部门政策的纪律，违反机构规则和规章、内部投诉调查、民事诉讼，甚至是刑事诉讼。

我们要明白，试图从身体上控制一个拒绝配合的人（无论是被动的还是主动的），是执法部门面临的最危险、最困难和最紧张的情况之一。所以，有无数的观点是支持合理客观地使用武力的。

但在今天，许多涉及执法人员和公众的武力使用被警用设备、随身相机、手机或其他电子设备拍摄下来。这些视频通常未完整记录整个事情经过，与事件的真实情况有出入。每个人的认知能力、受教育程度，以及对法律、部门规章和相关标准的理解各不相同，由此所导致的仓促判断、过度反应、舆论影响以及外部的其他干扰和压力都将影响大众对事件的解读。

审理 1989 年格雷厄姆诉康纳案的总检察长提出的指导方针和美国相关法律中都明确指出：在评估武力使用事件时，必须考虑的相关因素包括案发情况、武力选择、武力应用、培训经历、实战经验、部门政策等。

我们要清楚，培训经历、技能水平、身体条件、疲劳程度、身体和情绪控制能力、职业态度、决策能力、现场各时间点的路面情况、装备状况以及其他因素（包括但不限于在场执法人员的数量），在执法人员决定客观合理使用武力时都起着至关重要的作用。每个武力使用事件都独立于其他事件，每个武力使用案件都应被视为一种独特的、无关联的情况。然而，情况往往并非如此。

武力使用标准是由美国联邦最高法院审理 1989 年的格雷厄姆诉康纳案时确立的。最高法院建议下级法院就武力使用提出 3 个主要问题。

• 犯罪嫌疑人所犯的罪行有多严重？

• 嫌疑人是否对执法部门或公众构成直接威胁？

• 嫌疑人是否反抗逮捕或试图逃跑？

如前所述，在评估格雷厄姆诉康纳案标准及其实施时也要考虑其他标准。

美国《宪法》第四修正案，允许执法人员使用众所周知的"客观合理的武力"。这一标准适用于执法人员逮捕违法犯罪嫌疑人的情况。在这个标准下，执法人员可以从他们的"武力选项"中选择并使用客观合理的武力。并且执法人员应当根据嫌疑人的行动、能力和总体情况使用适当的武力。

执法人员必须认识到，使用武力的前提是嫌疑人反抗执法人员的权威、警告和控制，并选择持续对抗。在大多数情况下，嫌疑人会在评估后选择停止抵抗转为服从，这一行为将直接影响执法人员何时停止使用武力。

我们要知道，武力使用是一个持续的过程，一直持续到执法人员完成对嫌疑人的控制抓捕。然而，在这个过程中所使用的武力必须客观合理。执法人员还必须意识到，良好的语言沟通技巧、准确的判断、合理的决策、法律知识、部门政策、相关文件，甚至是详细撰写书面报告的能力都是评估武力使用事件的关键因素。

这里需要再次强调，在合法控制抓捕嫌疑人时，在大多数情况下，当事人实际上控制或决定了武力使用的以下两个方面。

• 大多数情况下，由嫌疑人触发武力使用事件。

• 嫌疑人决定武力的使用何时停止（选择停止对抗和服从）。

注意：在现实情况中，很多执法人员没有能进行对抗降级或在适当的时候终止使用武力，导致超过了客观合理的武力使用标准。

嫌疑人一旦停止抵抗并服从命令，执法人员必须立即进行约束和控制，这时需要减少武力的使用而不是增加约束力。当嫌疑人已经被铐上手铐、脚镣，或两者同时使用时，执法人员必须明确武力使用已经告一段落。在这种情况下，禁止在未经授权，违反公认的警察政策、惯例、程序和相关标准情况下有攻击嫌疑人的行为。

武力使用标准——客观合理

合理使用武力基于执法人员在使用武力的一瞬间对现场环境的认知情况。客观合理的标准只适用于控制嫌疑人时的武力使用。应当通过以下 4 个因素衡量客观合理的标准，它们的优先次序如下。

• 直接威胁：嫌疑人是否对执法人员或其他人产生直接威胁。

• 故意拒捕：嫌疑人是否故意拒捕，如果是，那么他是如何拒捕的。

嫌疑人的行为是什么，嫌疑人表现出何种威胁，那让执法人员有何感觉。只要自己认为是客观合理的，执法人员就可以在他们的武力选项中选择适当的控制方式。

• 环境紧张、不确定以及快速变化的形势：在这种情况下，执法人员可能需要进行武力升级，从武力选项中选择能够有效应对形势变化的适当武力。

• 严重犯罪：犯罪行为的严重程度与武力的使用和升级的正当性成正比关系。

武力选项

• 执法权威：利用执法人员的权威对嫌疑人进行控制。威严的命令、标准的制服和变化语音语调。

• 身体接触：在逮捕嫌疑人或满足其他执法要求时，执法人员可使用拳法或踢击等方式与嫌疑人有身体接触。

• 装备状况：使用非致命的武力装备，如警棍、催泪弹、手电筒、警犬。

• 增强型装备：可导电的电子设备（CED）。根据相关规定，这种装备通常介于机械武器和致命武器之间。

• 致命武力：执法人员认为存在造成死亡或严重身体伤害的重大风险时使用的武力。

武力使用的相关因素

执法人员面临的威胁越严重，越有理由使用武力。让我们看看如下因素。

• 整体情况。要根据执法人员在使用武力时的 "整体情况"，来判断武力使用是否客观合理。

• 侵略性。执法人员可以从他们的武力选项中进行客观合理的选择，并不一定要从最低武力等级逐级提升。

· 客观性。其他人在逻辑上相信或得出的结论。一名谨慎、受过良好训练、了解法律的执法人员认为这个武力使用行为是否可以接受。

· 使用的时刻。要根据使用武力的现场情况，综合判断执法人员的武力使用。

· 相关法律。相关法律标准是美国宪法第四修正案明确指出：公民的人身、住宅、文件和财产不得无理搜查和扣押，不得侵犯。除依据可能成立的理由，以宣誓或代誓宣言保证，并详细说明搜查地点和扣押的人或物，不得发出搜查和扣押状。

注意：本文所载资料不可替代法律意见，作者亦非律师。强烈建议任何可能涉及诉讼或使用武力的执法人员咨询律师和专家。

人物简介

大师 哈伊姆·吉顿

哈伊姆·吉顿，以色列马伽术协会主席、马伽术 10 段大师、内坦亚以色列马伽术协会主要训练中心（吉顿系统）的领导者。他是马伽术创始人伊米·利希滕费尔德于 20 世纪 60 年代早期开设的第一批训练班的学员。哈伊姆·吉顿与伊米及其他顶级教练共同创立了以色列马伽术协会。1995 年，伊米授予哈伊姆当时最高的黑带 1 段。哈伊姆是以色列国家体育学院（温盖特）马伽术专业委员会的负责人。吉顿大师的专业技能在世界范围内获得认可，他在过去的 30 年里一直负责以色列安全和军事机构的马伽术战术训练。有诸多高级别和高水平马伽术教官协助他开展训练工作，包括奥哈德·吉顿（6 段）、诺姆·吉顿（5 段）、约阿夫·克雷恩（5 段）、伊加尔·阿比夫（5 段）和史蒂夫·莫伊谢（4 段）。有关哈伊姆·吉顿的更多信息可访问 www.kravmagaisraeli.com。

高级教官 里克·布利特斯坦

1981 年，里克·布利特斯坦前往以色列内坦亚进修马伽术教官课程。为了使马伽术能被引入美国，马伽术创始人伊米·利希滕费尔德亲自监督以色列马伽术专家指导里克学习马伽术。伊米和里克的关系非常亲密，他们在以色列和美国度过了很多训练时光。在过去的 20 年里，里克在私人和企业安全领域教授和使用马伽术。作为以色列马伽术协会的成员和公认的高级黑带教官，里克致力在世界各地推广马伽术。里克还推荐他的学生大卫·卡恩到以色列马伽术协会接受培训，获得教练资格认证。

柏林杰少校

柏林杰少校是美国柔道协会董事会成员，拥有超过 35 年的格斗经验。柏林杰少校在多个体系中排名均很靠前，包括柔术 4 段。在专业领域，柏林杰少校为很多机构培养了徒手防卫教官，这些机构包括美国联邦调查局学院、美国联邦调查局人质营救团队、美国缉毒局学院、美国新泽西州警察学院、美国田纳西州惩教特警队，以及许多其他机构。

教官／摄像师 里纳尔多·罗西

2001 年，马伽术专家级教官（黑带）里纳尔多·罗西首次参加马伽术训练，2006 年参加了大卫·卡恩的高级马伽术训练。里纳尔多在美国及以色列跟随大师吉顿学习并完成了教练资格认证。里纳尔多是少数几个在以色列完成吉顿大师认证课程的美国人之一。里纳尔多曾在几个著名的机构教授马伽术，如美国联邦调查局学院等。在以色列马伽术协会的支持下，里纳尔多与唐·梅尔尼克负责在全美推广以色列马伽术。

作者简介

大卫·卡恩，以色列马伽术协会美国首席教练，师从哈伊姆·吉顿并得到高级黑带教学资格认证，是以色列马伽术协会唯一一位美国籍董事会成员。美国柔道协会授予大卫战斗柔术黑带 5 段。他几乎训练过美国所有联邦、州和地方执法机构的相关人员。大卫曾在许多知名格斗学校指导教学，比如美国联邦调查局和美国新泽西州警察学院。他是美国新泽西州警察培训委员会的认证讲师。大卫经常出现在各大媒体上，包括《男性健康》(*Men's Fitness*)、*GQ*、《今日美国》(*USA Today*)、《洛杉矶时报》(*Los Angeles Times*)、《华盛顿邮报》(*Washington Post*)、《纽约客》(*New Yorker*)、《阁楼》(*Penthouse*)、《健身》(*Fitness*)。他出版的著作有《马伽术》(*Krav Maga*)、《高级马伽术》(*Advanced Krav Maga*)、《马伽术武器防御》(*Krav Maga Weapon Defenses*)。他还制作了《精通马伽术》(*Mastering Krav Maga*) DVD 系列（包括卷 I、卷 II、卷 III 和卷 IV，以及卷 I 补充：12 种最常见的徒手攻击防御及《精通马伽术》在线教程）。《精通马伽术》线上课程有 333 节课，时长超过 26 小时，覆盖大约 90% 的马伽术民用课程。线上课程网址：www.masteringkravmaga.com。

大卫和合伙人共同经营几家以色列马伽术训练中心。